二十周年的献礼

教育故事·教学感悟·教学攻[...]

朝露润物

ZHAO LU RUN WU

刘世彬 主编

吴继红 芦震红 副主编

中国社会出版社

国家一级出版社·全国百佳图书出版单位

图书在版编目（CIP）数据

朝露润物 / 刘世彬主编．-- 北京：中国社会出版社，2022.8
ISBN 978-7-5087-6774-1

Ⅰ．①朝… Ⅱ．①刘… Ⅲ．①小学教育－石景山区－文集 Ⅳ．① G62-53

中国版本图书馆 CIP 数据核字（2022）第 081737 号

出 版 人：浦善新
责任编辑：马潇潇
责任校对：刘海飞

终 审 人：王 前
策划编辑：马潇潇
封面设计：时 捷

出版发行：中国社会出版社
邮政编码：100032
网 址：shcbs.mca.gov.cn
经 销：新华书店

地 址：北京市西城区二龙路甲 33 号
编 辑 部：(010)58124868
发 行 部：(010)58124868

印刷装订：河北鑫兆源印刷有限公司
印 张：16
版 次：2022 年 8 月第 1 版
定 价：68.00 元

开 本：170 mm×240 mm 1/16
字 数：260 千字
印 次：2022 年 8 月第 1 次印刷

中国社会出版社微信公众号

中国社会出版社天猫旗舰店

前言

20载岁月如梭，承载的是一份份沉甸甸的耕耘；20轮春华秋实，我们品尝着甘甜的桃李芬芳。2022年，石景山外语实验小学迎来了建校20年。

满园春色关不住，遍地桃李竞妖娆。在“办适合学生成长的精品学校”这一理念的引领下，外语实验小学以学生成长为本，以教师发展为本，团结一心，砥砺前行，探索出一条独具特色的教育办学之路。

20年风霜雨雪、季节流转，不仅有着春生夏长、秋收冬藏，更积淀下全体教师教育教学点点滴滴的智慧结晶。近年来，外语实验小学的教育教学质量和社会声誉稳步提升，这依托学校拥有一批教育工作有热度、教育教学有高度、教育研究有深度的教师。他们不仅培育了一批批优秀的学子，更在日常工作中勤于思考、不断总结，积跬步而成千里，教科研结出了累累硕果。

这本文集收录了外语实验小学教师们的“成长故事”“教学实践”“育人感悟”。徜徉于字里行间，我们能听到孩子们成长的声音，感受到教师们赤诚的心灵，领略到学校育人的生机。这是一份送给建校20年的礼物，更是学校一笔宝贵的精神财富。正如书名《朝露润物》所表达的：“青青园中葵，朝露待日晞。阳春布德泽，万物生光辉。”我们坚信，20岁的石景山外语实验小学必将是努力、自信、快乐的中华少年，将永葆青春。

校长：刘世彬

2022年3月7日

目录

我的成长故事

我的教学实践

我的育人感悟

我的成长故事

共情的力量

刘慧莹

共情是在情绪情感共享、认知评估后，产生的伴有相应行为的情绪情感反应，且主体将这种情绪情感和行为指向客体的心理过程。研究表明，共情在人际交往、亲社会行为等领域有着重要的作用，在实际教育教学活动中，也有很多故事表达了共情的力量。

一、教师共情稳定学生情绪

在阳光明媚、秋风送爽的开学第一天，学校迎来了一批新鲜的血液，就是一年级新生，他们第一天来到小学校园，在这里即将度过小学学习生活的第一天。我作为一年级副班主任，有幸负责第一天下午的课后服务，与孩子们一起度过小学第一天的最后一段时间。

学校课后服务的时间是16:30到17:30，有一部分同学则要到18:00。在那天的晚课后服务中，我带领学生们练习整理自己的书包、书柜。我慢慢地在教室中穿行，查看每个学生整理的情况。走到蔡××旁边时，我发现他低着头，一动不动地坐在座位上。我叫了一声他的名字，蔡××没有回应。我蹲下身子想要一探究竟，才发现蔡××眼圈红红的，在默默地流眼泪，我赶忙问:“蔡××，你怎么了?”蔡××依旧低着头小声地说:“我想妈妈了。”

蔡××的声音很低，我确认了三遍才听清楚，当我听清楚后，突然想到现在已经是下午5点，学生已经在学校待了将近9个小时了，这在以往的幼儿园生活中是很少见的，而且蔡××当天的课后时间是到18:00，也就是说他还有一个小时才能见到妈妈。想到这些，我很理解蔡××的感受，于是抱了抱他，说:“老师很理解你想妈妈的感受，如果是老师第一天上学，也会很想妈妈的，所以这些眼泪是想念的眼泪，如果你还是想念妈妈的话，可以让眼泪继续流一会儿。”说完这些，蔡××慢慢地抬头看了看我，我继续说:“第一天上学，你自己在学校学习一天了，这已经非常勇敢了，再有一个小时，你的第一天学习生活就圆满结束了，老师和你一起，再多拿出来一点勇敢，我们坚持一下，马上就可以见到妈妈了，好吗?”蔡××听完，轻轻地点了点头，擦了擦脸上的眼泪，不再哭了。我看到蔡××的情绪稳定了，继续说:“你看，在学校里，有老师和同学们一起陪伴你，当你再想妈妈的时候，可以跟老师或者同学说，也可以多跟老师和同学玩，现在，我们就去和同学们一起整理书柜吧。”蔡××笑了笑，开始整理自己的书柜了。

教师共情是指教师在与学生互动的过程中，能真诚地从学生的立场出发来考虑问题，站在学生的角度理解学生的想法和情感，并调节自己的教学方式，通过适当的言语技巧，以适当的方式有意识地将这种理解反馈给学生，让学生感到被理解，促进学生心理成长的一种心理策略。有研究表明，教师通过共情策略能够促进学生的社交能力和情绪的发展，妥善处理与同伴的矛盾，增进师生关系。

在这个案例故事中，当看到学生哭了并清楚缘由后，站在学生的角度体会感受，并且将教师体会到的感受传达给学生，这就是教师的共情策略。通过使用教师共情策略，学生就会感觉到教师的理解与尊重，进而更好地平稳情绪。

二、学生共情化解同伴矛盾

由于全校参与17:30到18:00课后服务的学生数量较少，学校会将这些学生统一在同一个教室开展课后服务，这就出现了不同年级的学生会在同一个教室一起度过半个小时，也就有了今天的故事。

作为学校的心理老师，我担负着全校的心理健康教育课程，也就有机会接触到全校学生，同时作为大队辅导员，我也会处理学生之间的各种矛盾。有一天下课以后，五年级的乔 × × 过来跟我说，在课后服务时，坐在她身后的三年级同学潘 × × 总是玩她的头发，即使她提醒了几遍都没有用，所以找到我，想让老师帮助解决这个问题。我看正好赶上中午午休，时间充足，于是带着乔 × × 下楼去找潘 × ×，在楼梯口正好碰到了潘 × ×，潘 × × 左手托举着右手，右手食指上缠了创可贴，我还没来得及开口，就听到乔 × × 的声音："你怎么了？" 潘 × ×："刚才不小心磕到了。" 这时，恰好潘 × × 的科任老师经过这里。潘 × × 这时已经把手放下了。科任老师没有看到潘 × × 的手受伤了，于是想把练习册递给潘 × ×，让潘 × × 发给班里学生。乔 × × 见状赶紧上前接过练习册，说着"老师我来吧"。于是，我让乔 × × 先将练习册送到三年级班里，带着潘 × × 进了办公室。

在办公室，我没有多说话，只是让潘 × × 先坐着等待乔 × ×。不一会儿，乔 × × 就来到办公室，我们的谈话才正式开始。我说："潘 × ×，老师今天找你们两个，是想谈一谈课后服务上的事情，你知道是什么事情吗？" 潘 × × 听完就低着头："是不是我玩她的头发。" 我说："是的，你能告诉老师为什么你一直玩乔 × × 的头发吗？" 潘 × × 说："因为我觉得好玩。" 听到这里，我明白了潘 × × 的想法，也明白潘 × × 还没有足够的共情能力，如果我采用教导的方式，比如，告诉潘 × × 这样做是不对的，下次不能再这样做了，或许能够利用教师的威严快速地解决问题，纠正潘 × × 的行为，但是潘 × × 不会有更大的成长。

我换了一种方法，没有继续谈论玩头发的事情，而是讲述着刚才看到的事情。我说："刚才科任老师在楼梯口直接把练习册递给了你，当时你是什么感受呢？" 潘 × × 有点惊讶，抬起头看着我说："我感觉有点生气。" 我说："嗯，生气是不是因为你都受伤了，老师还让你干活呢？" 潘 × × 说："是的。" 我说："科任老师并没有看到你的手受伤了，所以她觉得你像往常一样，能够帮助她发练习册，这是很正常的，对吗?"潘××点了点头，我接着说："所以你看，人是会有不同的想法与感受的，就像你玩乔××的头发，你会觉得很好玩，但是乔××不这么觉得，乔××，你能说说你的感受吗?"乔××说："潘××，我其实很喜欢和你一起玩，但是我很讨厌你玩我的头发。"我接着说："现在，你听到乔××的感受了吗?"看着潘××点头，我继续说："那么你现在有什么想对乔××说的吗?"潘××对乔××说："乔××，对不起，我不知道我玩你的头发你很不开心，我以后不会再这样做了。"乔××接着就说："没关系。"

关于玩头发的事情到这里就结束了，为了帮助两个人建立深厚的友谊，我继续说："潘××，刚才我还看到，当你手受伤的时候，乔××特别关心你，她第一个上前询问你怎么了，而且当科任老师想把练习册递给你的时候，也是她第一个站出来帮你接过练习册的，所以你看，乔××非常关心你。"说完这些，我看到潘××哭了。我问："潘××，我看到你哭了，能告诉老师你现在是什么感受吗?"潘××说："我感觉到很温暖。"这时候，乔××起来抱了抱潘××。看到这温暖的一幕，我也很感动，一个同伴闹矛盾的故事就在这样温暖的氛围中结束了。

小学时期是个体形成价值观、道德观的重要时期，培养小学生的共情能力对个体以后的亲社会行为和自身情绪调节都有积极的作用。现阶段，通过提升认知能力和促进人际交往等办法可以显著提升小学生的共情能力。在这个案例故事中，教师以学生自己刚刚经历的事情为契机，引导学生提高共情认知，提升共情能力，进而解决了与同伴产生的矛盾。

共情是一种策略与能力，可以通过训练来进行培养。共情具有巨大的力量，等着我们来探索与运用。未来，可以通过系统的共情训练来提高教师的教学水平，提升学生自身情绪调节能力。而这些，都有一个共同的最终目标，就是为了学生的健康成长。我想，这也是教育的最终目标。

同心抗疫情　童心共成长

唐　巍

时光飞逝，转眼间来到了2022年2月，北京正举办举世瞩目的冬奥会，我们也即将迎来与新冠病毒斗争的曙光。从2020年1月底疫情暴发到现在的两年间，科研人员研发了新冠疫苗，医护人员积累了治疗经验，人们也掌握了防范病毒的经验。作为一线教师的我，经历了从课堂教学转到线上教学的变化；同时作为班主任的我，也熟悉了各种排查和上报流程。虽然现在我们已经能够科学冷静地面对疫情，但是回忆这段难忘的时光，我脑海中最难忘的，还是疫情初期准备和召开那一次网络班会的过程。那是我教学生涯中记忆最深刻的一节主题班会，它让我们师生情联结得更紧密，也让孩子们更深刻地认识了生命的重要。

2020年1月底，突如其来的新冠病毒疫情蔓延，将万物摁下了暂停键。新冠病毒最先在武汉被发现，为了控制疫情蔓延，湖北的很多城市纷纷进行严格管理。人们每天都关注着疫情的变化，因为恰逢寒假，有很多学生外出，教委要求各学校及时排查学生和家长是否有在湖北生活的情况。通过筛查，我了解到班中有两名同学此时在湖北。小宋是跟随父母到湖北省石首市的爷爷奶奶家里探亲；小江的情况比较特殊，先被父亲送到重庆姑姑家，又被姑姑姑父带回姑父的老家湖北荆州市的农村过年。从知道这个消息的那个时刻开始，这两个孩子的情况就时刻牵动着我的心。我先和两个孩子的父母取得联系，耐心地了解孩子们的目前情况。小宋的爷爷奶奶家是居住在市区，管理比较严格，人员不能随意外出，生活物资都是由政府统一供给，生活上的需求能初步得到满足；主要困难就是孩子不能外出活动，比较孤单。小江的姑父家生活在农村，生活条件相对差一些，而且共同生活的都是平时不太熟悉的人，这对小江来讲更是一种考验。于是我针对这两种情况及时与两个孩子联系，第一时间安慰了他们，并送上了关心，还特意联系了班里和这两个孩子比较要好的同学，让他们能找到合适的时间通过视频或者微信与他们沟通交流。

在惦记这两个孩子的同时，我也在想：怎么才能更好地帮助到他们呢？为了能够让班里同学们更多地了解这两个孩子的情况，为他们提供更多的帮助，我想到能不能组织一次班会，让关爱与温暖通过网络传达给这两位同学。我把自己的想法向德育主任进行了汇报，得到了德育主任的全力支持，并给我提出了非常好的具体建议。有了领导的肯定和帮助，我的信心更足了。我先和班里的家委会家长进行沟通，初步介绍了小宋和小江的情况，看看有什么好办法能帮助他们。家长们听了也都很关心，并根据情况提出了很多切实可行的办法。初步讨论后，我们把这个方案与全体同学和家长进行了公布。孩子们和家长们都很支持，马上开始着手准备各种小节目和慰问的作品等。在短短的两天时间里，有的同学和家长共同创作了三句半，有的同学准备了手语歌，还有的同学动手画了充满爱心的绘画，做了小制作。我在设计班会的时候经过细致的思考，觉得不能只停留在对两个孩子的关心上，还应该引导孩子们认识到疫情当前我们该如何面对，并能够感受到来自身边的人的关爱，从而增强孩子们的责任感和自信心。我把班会设计成了三个环节：第一个环节是同学们为小宋和小江送去关心，第二个环节是请同学们了解疫情期间身边的英雄，第三个环节是请同学们分享居家学习的好方法。

经过前期的准备，班会终于在2月26日晚上召开。通过腾讯会议软件，共83人参与其中，不仅包括老师、同学、孩子的父母，还有许多孩子的爷爷奶奶也都主动参与其中，可以看得出大家都对这个活动非常支持，也充满期待。班会伊始，我先亲切地向孩子们问好，孩子们通过视频热情地和我打招呼，屏幕也不能阻挡我们的热情。一句句简单的问候，一张张灿烂的笑脸，使全班同学的心紧紧连在一起。班会表达出了三年级（2）班全体师生的心声，虽然相隔千里，但是我们是一个集体，我们的心永远连在一起。接下来是孩子和家长们为小宋和小江送上一个个小节目。“送给你小星星，送你花一朵”，随着欢快的节奏，小赵的手语歌先拉开了帷幕，动听的音乐让人心中涌起股股暖流。小姜和爸爸妈妈共同创作的健康三句半，不仅表达了对两位同学的关心，还为大家介绍普及防范病毒的科学办法。一首小提琴曲，一张张贺卡“中国加油，武汉加油”……一句句贴心的问候，一个个暖心的小视频，同学们将最真挚的关爱送到了两位同学的身边。收到同学们暖心的祝福，两位同学都激动不已。小江激动地说：“我离开北京一个月了，我想对老师说，感谢您两年以来的关心和教导，您辛苦啦！我想跟同学们说，由于疫情原因我待在农村，学习和生活受到一定影响，但我会努力克服困难，待在家里坚持学习。好久不见，我好想你们。”小宋提示同学们要注意健康防控，她说：“再过一段时间，疫情马上就要被控制住了。这样我们就可以回北京和大家见面啦。大家这段时间出门要戴口罩，尽量不去人多的地方。”

疫情将我们相隔千里，但是真挚的友情让我们的心相聚在一起。在抗击疫情的这段日子里，不仅仅是同学们之间互相关爱，在我们的身边，还有很多很多的人在为抗击疫情做着自己的努力。他们中有的在人流密集的火车站迎送旅客，有的工作在最危险的医院门诊，有的不分昼夜奋战在街道小区，还有的在停课不停学的岗位上尽职尽责……新冠肺炎是同学们有生以来第一次面对的严峻疫情，也是对孩子们进行教育的好契机。为了让孩子们了解到为了保护我们的健康安全，我们身边也有许多的英雄，他们舍小家为大家，用责任与担当为我们撑起了安全的天空，我向大家介绍：小曹的爸爸是一名交通警察，为了运输物资，日夜坚守岗位；大海的妈妈是一名高三的英语教师，每天从早到晚地上网课，为学生忙碌；森森的妈妈是一名社区工作者，每天需要在小区站岗、统计数据、为隔离的居民服务。通过介绍以及视频和图片的展示，同学们真切感受到身边榜样的力量，并由衷地感到骄傲和自豪。会上，同学们用自己的语言、行动，表达了对身边榜样的崇敬之情，更道出了在停课不停学期间要自觉完成好自主学习任务，不断完善自我的决心！

最后我针对学生居家生活的实际情况，提出了作为小学生的我们，疫情中应该怎么做的问题，并展示了很多同学丰富多彩的学习和生活。

在总结的时候，我对孩子们说："这是一次特殊的班会，同学们借助网络平台相聚在一起。通过这节班会，我感受到了同学们之间的深厚情谊，相信我们这个集体会越来越团结，越来越有凝聚力。相信我们27名同学团结在一起，会战胜困难，取得更大的进步。"

德育主任全程参与了班会的组织和策划，在班会结束时她也对孩子们提出期望：如果同学们能够从现在做起，向身边的榜样学习，努力地完善自我，那么不久的将来，你们一定能够肩负起保卫亲人、建设祖国的重任。孩子们，你们是外语实验小学的先锋，更是我们的骄傲！

虽然这次网络班会结束了，但是同学们和家长们仍然沉浸在班集体的温暖情意中，沉浸在携手共克时艰的拼搏精神中。

很多家长纷纷留言说道：感谢学校组织的班会，孩子们看到久未见面的同学，心情很激动，孩子们都这么积极上进，互相鼓励，真感动。感谢学校，感谢老师关心爱护孩子们，这次特殊形式的班会让我们看到了孩子们彼此关心，相互鼓劲儿，很感动，也很欣慰。谢谢老师们陪伴孩子一路成长、一路向前。老师们辛苦了，加油孩子们。温暖团结的三年级（2）班的同学们，让我们共同努力，携手渡过这个特殊难关，一起期待重逢于校园时！

虽然我们现在已经重返校园，但是这一次特殊时期召开的班会却永远留存在我们的记忆中。它是一座桥梁，连接起学校与家庭；它是一团火，温暖着我们的心；它更是一双手，扶着孩子们成长，并托起孩子们的希望。

在音乐中感悟时间的秘密

刘海燕

教育必须符合人的天性和发展规律，这是任何教学首要准则。著名哲学家威廉·詹姆斯说过：“种下行动就会收获习惯，种下习惯就会收获品格，种下品格就会收获命运。”只有遵循生命成长规律、认知规律和教学规律，才能促进每一个学生健康、和谐、可持续发展。

音乐教育对于释放小学生的天性有着重要的作用。它一方面可以缓解学生学习的压力，另一方面可以陶冶学生的情操，让学生具备更为综合性的能力。在小学低年级音乐教学过程中，通过音乐游戏和音乐活动来感悟音乐、表达情感是最贴近学生也是他们最喜闻乐见的一种教学方式。小学生在音乐活动中能体会到音乐包含的各种要素，领略音乐的魅力，从而提升他们的音乐素养。

小孩子的年龄特点，决定了他们爱玩爱动的天性，在活动、游戏中学习音乐，有助于激发他们对音乐的兴趣与热爱。因此，将音乐游戏应用到小学音乐教学中，能帮助学生产生学习兴趣，密切和谐的师生关系，促进学生全面发展。新课改落实之后，我国的小学音乐教育有了极大的改善，音乐游戏、音乐活动在课堂中应用得越来越广泛，它不仅能够使音乐课堂更加生动，同时也让教学的质量有了显著的提高，对于音乐教学的体验提升有着极为重要的作用。对小学生而言，他们更喜欢有意思的音乐游戏或音乐活动。只有从兴趣入手，从长远着手，才能培养其音乐的审美素养，陶冶音乐情操。所以，在音乐课堂上通过音乐游戏或音乐活动的方式既能让孩子回归本性，也能让整个音乐课堂更加活跃。

《时间像小马车》是二年级音乐上册第四单元的一首歌曲，它是一首富有儿童情趣的创作歌曲，2/4拍，F大调。歌曲采用了有规律的节奏，多为四分音符和八分音符，形象地模仿了时钟嘀嗒走动的声响。旋律流畅动听，采用了曲调的模进、节奏的重复，使歌曲的情绪欢快、活泼。歌词简单明了，寓意深刻，告诉我们：在同样的时间里人们各自做着不同的事，有的人成绩卓著，有的人一事无成，说明时间的重要和紧迫，要珍惜时间，懂得利用人生有限的时间多学本领，成为对社会有用的人。

《小学音乐课程标准》中提出："在小学低年级学段，要通过提供感受音乐、表现音乐、创造音乐的机会，学生主动参与到音乐实践活动之中，从中学习最基本的知识和技能，培养兴趣和爱好，获得音乐审美体验和成功的欢愉。"要遵循以"音乐审美为核心的基本理念"组织教学资源，设计音乐教学活动。引导学生积极参与音乐实践活动。感受歌曲的旋律、节奏、速度、力度等所表现的音乐情绪，在此基础上，学唱歌曲，并进行歌曲表演。

小学二年级学生仍处在形象思维阶段，他们更多地还是需要借助直观的方式来学习。这个年龄的学生好奇、好动、模仿力强，并乐于参加音乐游戏。《小学音乐课程标准》中又指出：应充分注意小学一、二年级这一学段的学生以形象思维为主，好奇、好动、模仿力强的身心特点，善于利用儿童自然的嗓音和灵巧的形体，采用歌、舞、图片、游戏相结合的综合手段，进行直观教学。聆听的音乐材料要短小有趣、形象鲜明。激发和培养学生对音乐的兴趣。开发音乐的感知力，体验音乐的美感。能自然地、有表情地歌唱，乐于参与其他音乐表现和即兴创造活动。培养乐观的态度和友爱精神。

我校二年级学生活泼好动、精力旺盛，有较好的音乐感知能力，节奏上已经认识和会击拍× ××和××××的节奏，认识了四分音符和八分音符，音乐知识掌握得较好。他们能够运用自然的声音演唱歌曲，在气息和声音的控制上、在咬字吐字方面还可以进一步提升。在音准方面部分学生会有一些困难，有时不免还会出现喊唱的现象。针对这一点，教师上课前用事先准备的教具——皮球进行演示，启发学生什么叫有弹性的声音。节奏方面用 × ×× 和 ×××× 的节奏做伴奏，尝试多声部同时进行音乐活动。这样，教师循序渐进地培养，让学生逐渐学会看指挥，能够懂得统一和谐的声音才是最美的。

针对学生的年龄特点及学习规律，在《时间像小马车》教学中我是这样设计的：

1.引入

教师出示并敲击双响筒，问学生："听到这个声音，让你联想到了什么？"

学生回答：钟表、心跳、马蹄声……

"你能模仿一下马蹄的声音吗？"

学生活动：模仿马蹄的声音。

教师在此用手势指导学生：边做边读，嗒嗒、嗒嗒、嗒嗒、嗒嗒、嗒、嗒、嗒。

设计意图：体验连续八分音符的节奏，用动作感知级进上行乐句"嗒嗒、嗒嗒、嗒嗒、嗒嗒、向前跑"渐强的力度要素。

2.学习歌曲

（1）过渡语："嗒、嗒、嗒、嗒的小闹钟，记录着时间一分一秒地过去了。时间就像一辆小马车，载着我们每一个人前行，今天我们就来学习歌曲《时间像小马车》。"（播放歌曲《时间像小马车》录音、出示歌片）

学生聆听歌曲，随音乐轻轻拍腿。

设计意图：感受音乐情绪，进入音乐情境。

（2）教师有节奏地读歌词。学生聆听、感受，并轻轻在腿上打拍子。

（3）邀请学生跟随老师一起读词。

教师要引导学生：用富有弹性的声音朗读；轻轻地击拍体验歌曲节拍；用手势引导学生力度表现。

3.分乐句学唱

（1）教师范唱歌曲（教师唱第一段词，第一三乐句拍腿，二四乐句手由下而上、再由上而下地进行)，学生感受歌曲的韵律。学生跟随老师用身体动作感受音乐旋律。

(2)用听唱法分乐句学习歌曲(教师要用手势引导学生唱准旋律并用身体感受歌曲的强弱变化)。

(3)再唱第二乐句和第四乐句。请学生说一说：小马车是怎样向前奔跑的呀?("嗒、嗒、嗒、嗒地，一刻不停地向前奔跑"，"我们应该用怎样的力度去表现它呢，请你试着做一做"。)

设计意图：用动作帮助体会音乐要素的表现作用，教师用手势引导学生唱好音准。

预设问题及对策：由于学生年龄小、身体发育还不完全，所以第二乐句和第四乐句学生用一口气唱下来，有一定的难度。在第一乐句结尾处4 43 | 2 22 0 | 的休止符处要告诉学生：快速地，深吸一口气。学生在前边的引入环节已经练习了清晰地吐字、咬字。在这里再通过反复的练习与纠正，就可以解决此处的困难了。音准方面还是以听为主，适当加入乐谱，目的在于唱准旋律。

教师先出示皮球，演示皮球的弹性好，跳得高。同时告诉学生，用带弹性的清脆声音才能唱好歌曲。

(4)教师弹琴，学生用清脆的声音演唱歌曲。

(5)学生讨论："你我同坐一班车，谁也少不了""大家各自做什么，那就不同了"。

得出结果：每个人的时间都是一样的，大家做的事情不同，应该珍惜宝贵的时间。

(6)再次有感情地演唱歌曲。

(7)回顾乐谱(低年级学生培养兴趣体验和感受音乐之美，乐谱的识读可视学生情况，在学会歌曲后进行)。

设计意图：熟悉唱名、为今后的读谱视唱做准备。

4.节奏创编活动

（1）请学生以小组为单位，在歌曲中选取一小节作为固定节奏型为歌曲伴奏。

（2）学生在组内练习拍击选出的固定节奏。

（3）根据学生选择的节奏型做两个声部的节奏练习。

（4）学生选择适当的乐器为歌曲伴奏。

5.音乐游戏活动

（1）一名学生扮演火车头，随音乐的韵律走到同学身边去。

（2）火车头用轻拍小朋友肩膀作为邀请同学为乘客。

（3）火车头带领乘客，边唱边随音乐的韵律律动。并以各种动作代表自己在时间的小马车上，做自己喜爱的事情。

（4）教师通过手势，引导学生，有秩序地进入游戏队伍。

设计意图：在活动中进一步感受音乐的魅力。全体学生都参与音乐活动。获得音乐审美体验并感受成功的欢愉。

音乐活动是一个集欣赏、感受和表达于一体的综合过程，在活动的实施过程中，多元化的教学方法的综合运用，才能发挥教育的基本功能。在不同种类的音乐教学活动中，我们可以把各方面的教育内容联系起来，彼此渗透，使音乐活动游戏化。游戏化的音乐活动符合低年级学生的认知规律和心理特点，运用形象、直观、生动的教学元素进行教学，能有效地调动孩子感受音乐的主动性、积极性，帮助孩子更好地理解音乐作品，感受不同音乐作品的美，在音乐教学中实施自主学习。要坚持从培养孩子兴趣出发，精选一些妙趣横生的教法，让孩子多听多唱，放手让孩子在音乐的环境中学习音乐、理解音乐、感悟音乐、表现音乐，真正给孩子一个展示的舞台、一个锻炼的机会、一个成功的体验、一个美的享受，让孩子由教育教学的“被动角色”变为“主动角色”，为他们插上音乐的翅膀，为他们终生喜爱音乐奠定基础。

播撒爱心　收获希望

王　玲

作为一名小学教师，我几十年如一日地面对几十双渴求知识的眼睛，站在三尺讲台，实现着献身教育事业的人生梦想，体现着自己的人生价值，为此我感到无比骄傲与自豪。作为一名班主任，我对孩子们倾注了无限的热情和关爱，尊重他们并以诚相待。我总是利用课余时间去深入了解每个学生，关心孩子们的思想和心理变化，处处为学生着想，时间一长，自然成了孩子们的知心朋友。正像孩子们说的那样：他们既“怕 ”我，又爱我。记得，曾有这样一个学生曲 × ×。通过各方面了解到，他的性格比较外向，行为举止不规范，尤其是学习上有很多缺点，学习成绩也不太稳定。他的自制力较差，比较贪玩，很懒惰，经常完不成家庭作业，更多的时候是糊弄了事，导致他的学习成绩落后。虽然经过多次劝导，多次语重心长地劝说，数次和家长交流沟通，但是效果并不显著。

基于对他的一些了解，我专门去他家里家访。他家是个体户，家庭条件非常好，又是独生子，家庭也很和睦，对孩子表面看也很重视。但是父母忙于生意，面对孩子的作业，只能督促不能辅导。父母没有时间监督，爷爷奶奶也没有威信，所以在家里，他基本就是放纵的状态，没有约束，造成家庭作业经常完不成，完成得也十分潦草，这也在情理之中。

一、用爱心拉近距离

作为班主任，应该积极主动地为学生营造一个适合未成年人身心健康发展的平等、和谐、友爱的氛围。为此，我时刻关注着他的学习、生活和思想动态。针对他上课时经常违反纪律的情况，我采用了时常提醒和表扬相结合的办法。为了照顾他的自尊心，我的提醒总是悄悄的，走过去摸摸他的头，把书帮他扶正，给他一个略带责备的眼神等。我更是不失时机地表扬，慢慢地他上课能在我的关注下遵守纪律了。恰逢学校召开家长会，我就顺便把他最近在学校的情况向家长反馈了一下，指出了他的点滴进步，看得出家长十分高兴。之后，我又与家长作了一次长谈，详细分析了他的情况，告诉家长平时要多关心孩子，在家里多和他聊聊学校里的事。同时向家长介绍一些教育孩子的方法、经验。比如发现错误不要直接指出，而要引导孩子自己检查出来，必要时可以缩小范围，这样可以养成孩子自己检查的习惯。在生活体验和家务事上要求家长不要太娇宠孩子，而要让他进行一些必要的锻炼，因为一个孩子缺少了应有的生存能力和应急能力这将影响孩子的将来。除了与家长面谈，我还经常与家长微信沟通他的每一次进步，同时也指出还需努力的方向。这样，在他感受到老师对他的爱的同时也让他感受到集体的温暖。

二、用细心发现闪光

心理学家威廉·詹姆斯有句名言：“人性最深刻的原则就是希望别人对自己加以赏识。”他在研究中还发现，一个没受过激励的人仅能发挥其能力的百分之二十到百分之三十，而当他受到激励后，其能力可以发挥到百分之八十到百分之九十，即使表现再差的孩子也会有他们的长处。作为一名班主任，在平时生活中我细心地观察孩子，捕捉其身上的闪光点，及时地肯定表扬，即使是小小的进步，也及时鼓励，以此激发孩子的内驱力。一次，课上轮到他表演了，四个小组各一个人，他是小组代表，竟然在老师没有提示的情况下，便大胆地把自己的一小段话非常流畅地朗诵出来。全班同学都不由自主地为他鼓掌，都惊讶于他的出色朗诵。我及时抓住这次机会肯定了他。在后来的课堂上，他确实表现得越来越积极，其他学科的老师也说他有长进了。

还有一次，我像往常一样，早早去教室打扫卫生，我发现他已早早地到校了，竟然正踮起脚尖认真地擦黑板。接下来的几天，我都发现了这样的事情。晨检时，我当着全班同学的面表扬他是一个关心集体的好孩子，并希望其他同学也能向他学习。那一刻我发现他第一次坐得这么端正。我还通过家校平台，把这件事告诉了他的妈妈，我相信若他能得到家长的夸奖会更加高兴的。接下来的一段时间，他在学习上变得主动了，以前中午常常因为贪玩而忘了写作业，现在他常会主动告诉老师他已经写完作业了，我也常会用“做得真好”来鼓励他。可见，一味地批评，只会让孩子越来越反感，不乐意接受，不如利用孩子身上的闪光点，好好表扬一番，让其感受到表扬带来的喜悦，让孩子更有信心改掉身上的其他坏习惯和不良行为，如果能得到全班孩子和家长的肯定与鼓励，我想会取得更好的效果。

三、用真心换取信任

在不断地与“问题生”打交道的过程中，我深切体会到，只有“亲其师”，才能“信其道”。于是我调整心态，对“问题生”正确定位，多一些理解和体谅，少一些要求和奢望，多一些耐心和表扬，少一些生气和批评。没有爱生的意识，就不会对学生产生极大的热情，就不会去了解学生，更谈不上什么理解，也就无所谓德育。只有装着一颗爱心，你才会去发现、寻找学生身上的闪光点，去鼓励他们上进，指导他们克服困难、迎接挑战，才会拉近师生之间的距离，才会达到教学、生活中师生之间的和谐与沟通，才会产生最佳的教学意境与教学效果。记得一次课间，淘气的曲 ×× 趴在窗台聚精会神地关注楼下的操场。我顺着他的目光看去，原来是校篮球队正在热火朝天地打比赛。我走过去与他探讨：哪个队打得好？这个扣球应该得几分？这个队员怎么在那个位置发球呀？他一一作答，眼睛充满了自信的光芒。事后我积极与篮球队老师协商，让他当了一名后备队员，并且送给他一个漂亮的篮球。我至今记得，当他接过篮球时，那亮闪闪的眼睛。此时你会发现他是如此可爱，并不难教，给一点阳光就灿烂，就这么简单。

四、用关心激发热心

在多次和他的谈话交流中，我发现他很幼稚但又有自己的理想。他希望自己将来能考上大学，做一个对社会有用的人。如果以他现在的成绩，这根本是不可能的。但我没有泼冷水，而是抓住这个契机，与他促膝谈心，提醒他：把握好时机，彻底改变陋习；树立信心，埋头读书；刻苦努力，持之以恒；只要学习成绩稳步提高，就一定能如已所愿实现理想。很快，他已基本能遵守课堂纪律，良好的行为习惯正在养成，课后作业基本能独立完成，学习成绩也有所提高，在篮球队中也成了正式队员。

做好“问题生”的德育工作是一件复杂的事情，需要我们坚持不懈地关注和耐心地关怀。教育是艺术，艺术的生命在于创新。今后，我会凭自己的勤奋和智慧，继续献身教育事业；我会不断播撒爱心的种子，争取收获希望的果实！

无言的教育，润物细无声

杨久玲

于丹教授在《于丹〈论语〉心得》开篇就提到：无言也是一种教育。子曰：“天何言哉？四时行焉，百物生焉，天何言哉?”孔子对他的学生说，你看，苍天在上，静穆无言，而四季轮转，万物滋生。苍天还需要说话吗？

对于“无言也是一种教育”，我把它理解为言传身教，而且是重于身教。俗话说，太阳不语，自是一种光辉；高山不语，自是一种巍峨。对于我们目前的教育，我认为言传有余而身教不足，很多填鸭式的说教是非常苍白的，倒不如身体力行更能让人信服。

无言也是教育。记得是在我接手这个班的第一天，刚刚上完数学课。我刚回到办公室，端起的茶杯还没有放到嘴边，一个学生就风风火火地闯进门来。“李××吐了，老师您快去看看吧！”我一听，急忙放下手中的东西，拿了几张报纸，随他快步来到班里。

一推开教室的门，一股呕吐过后难闻的气味弥漫了整个教室。李××正坐在教室最后排的座位上，用纸巾擦着身上的污物。没有人帮助他，地上是一大片的呕吐物。班里的其他学生大部分都在离他很远的地方做着自己的事情，有的在聊天，有的在低头看书，像是身边什么事都没发生一样。看到我推门进来，孩子们压低了声音，虽然没有人和我对视，但是我明显地感觉到孩子们的余光都在看着我。

看到这些，我把到嘴边的那句“小干部呢，怎么不帮帮他”咽了回去。自己赶紧走到李××同学身边一边帮他清理身上的污物，一边询问孩子的情况。

孩子很懂事，不好意思地说："老师我自己来吧，您别管了，怪脏的。""没事，你赶紧到卫生间洗洗，再接点水漱漱口。""老师，我陪他去吧。"报告消息的那个孩子说。我赞许地看了看他。

我又把报纸盖在污物上，拿来笤帚清扫起来。这时又有几个孩子围了过来，我连忙说："来，帮帮老师。"有的孩子去涮墩布，有的把教室的门窗都打开了，有的把稍显凌乱的桌椅摆放整齐。不一会儿，教室就恢复了整洁。这时上课的铃声也响了，我用眼神示意孩子们坐好准备上课，然后去打电话和家长联系。下午，利用午检的时间，我大力表扬了上午主动帮忙的同学，同时让孩子们思考：如果是自己不舒服的话，希望别的同学怎么做？

事有凑巧，这件事情发生过后没几天，上完体育课，一个学生在班里又吐了。不同的是，当我闻讯赶到班里时，班里的卫生已经收拾得差不多了。看到那么多的同学在帮助那个吐了的同学，我心里真是欣慰。

通过这件事情使我感到，在竞争日益激烈的现代社会中，无言教育更是彰显出它的难能可贵。无言就是要脚踏实地、默默无闻、甘于寂寞；无言就是要身体力行、以身作则、潜移默化。飞瀑之下，必有深潭，桃李不言，下自成蹊，教师要用优秀的人格魅力去感染学生、影响学生、教育学生，塑造他们高尚的品德，让教育真正做到"润物细无声"。

生石花里藏着的小秘密

张　翠

一、一个喧闹的早晨

我带的班级是二年级（1）班，已经加入少先队的他们，争着抢着为班级做好事。为了美化教室环境，我特意拿来几盆生石花放在窗台上，生石花圆润的外形、各式各样的花纹一下子就吸引了孩子们的目光。

一个阳光明媚的清晨，我照例快步往教室走去，还没进门，就听见班里的吵闹声，似乎有什么大事发生了。我三步并作两步走进教室，孩子们正纷纷围在窗台边吵闹着……

“张老师，不知道是谁把您种的‘小屁股花’扎了。”

“真可恨，这是谁干的?”

“小花多可怜啊！谁弄坏的，让他赔!”

“它还能活吗?”

“太可恨了，一定要抓住他!”

我走上前一看，原来一棵最大的生石花不知被哪个小淘气包用铅笔扎了一个洞。同学们对此事义愤填膺，表示抓住“凶手”一定要狠狠批评他。原来如此，本不是大事，这个年龄阶段的孩子经常会把在我们大人眼里并不算事的小事夸张成天大的事情。我松了一口气，示意孩子们做好课前准备，先不要耽误上课，等下午班会课我们再调查处理这件事情。

班级出现了突发事件，绝不能延误时机，哪怕再小的事情也要在第一时间调查清楚。课间的时候，每天都早到学校的小H同学小声地告诉我他早上看到的那一幕：早上，班里只零零星星来了几个同学，班里的淘气包小D趁大家不注意的时候，用铅笔扎了一下生石花。“我替他谢谢你，因为这是在帮助同学改正错误。老师会为你保密。”我轻轻抚摸了一下他圆圆的大脑袋。

课间时，我故意让小D留下来帮我摆桌椅，给他创造了跟我单独在一起的机会。他一边认真地摆桌椅，一边偷偷地瞄着我……

我首先开口：“小D，你有什么想跟老师说吗？”他有意回避我的眼神：“没事啊！”“那你知道那棵生石花是谁扎的吗？”我这么一问，他显然心虚了，小声嘟囔了几句：“不……不知道，反正不是我。”“好吧，那我还是等着这个孩子主动跟我说吧！其实，也没什么大不了的，只要他能主动找我承认自己的错误，我一定会原谅他的。”

午休时，我赶紧准备了一些班会素材，准备下午给孩子们临时加一节有关“诚信与担当”的班会。

二、一节热闹的班会

下午班会课到了，我平静地向孩子们陈述了这件事，之后让孩子们谈谈自己的想法。我只是静静地听着，听他们最真实的想法。孩子们你一言我一语地说着，我微笑地望着他们，没有做过多的评价。

“孩子们，我很欣赏你们能关心班集体的事情，而且每个人都有自己的看法并说了出来。老师对这件事也有我的想法，你们想听听吗？”我对孩子们语重心长地说。

“想听！”孩子们异口同声地回答。

我走到孩子们中间，说道：“遇到了问题，特别是当别人做错了事情的时候，不要忙着责怪别人，要学会先弄清背后的原因，试着站在别人的角度理解别人。我们在一个班集体里生活学习，同学们要互相帮助。”随后我给孩子们声情并茂地讲了一个廉颇负荆请罪的故事，告诉孩子们“人非圣贤，孰能无过”，错了要敢于承认错误，改了就是好孩子。

“我们给那个小朋友一个改正错误的机会，好吗？我希望那个同学能够主动找我承认错误。”我用期待的眼神看了一眼小D。

三、一段真诚的对话

下午大课间时，我组织孩子们排队到操场上准备体育锻炼。我发现小D总是有意无意偷看我，似乎时机已经成熟，我心领神会地说：“小D，咱俩一组吧！”一边做运动，我一边笑眯眯地对他说：“这回有话跟我说啦？”他不好意思地低下了头，支支吾吾地说：“是我……扎的，我怕您……”“就知道你是男子汉，敢作敢当，老师已经原谅你了。但是你告诉我，你为什么要这样做呢？”“生石花摸上去软软的，我就是想知道它里面什么样，我就用铅笔扎了一下，扎完我就后悔了，我想您肯定特别心疼，因为您说这是您从特别小养大的。”多么善良的孩子，做完后就知道后悔了，还能够用同理心想到我会因此难受。“孩子，老师拜托你一件事可以吗？”他睁大了好奇的眼睛望着我。“我相信咱们班有很多同学像你一样也想了解更多关于生石花的知识，你愿意给大家讲讲吗？”“张老师，我愿意！我愿意！”望着他自信的眼神，我欣慰地笑了。

我想我们很多时候都是误会孩子了，他们并不是真正的捣乱淘气，有时是因为好奇或者失手而干了后悔的事情。这个年龄段的孩子本来就对这个世界充满着好奇，我们要鼓励他们的好奇心和求知欲。我们要想帮助孩子，就要真正走到孩子心里去，了解他们最真实的想法，交给他们解决这一类问题的办法，避免类似的事情发生。面对许多新鲜的事物，我们都会产生好奇心，好奇心正是我们观察和认识这个世界最好的钥匙，怎样想办法解决呢？我们可以寻求小伙伴、老师和家长的帮助，遇事多问问他们，也可以动手上网查查资料，一定能揭开秘密，从中找到答案。之后我拜托他一件事：相信好多同学也有这个疑问，请他搜集资料，为同学们揭开这种多肉植物的秘密。

四、一次精彩的多肉小课堂

放学后，我给小D的妈妈打了电话，他的妈妈是个性格急躁的人，很多时候不问青红皂白就要训斥自己的孩子，导致孩子不愿意跟她说心里话。我婉转地告诉她今天发生的事情，并再三嘱咐她不要埋怨孩子，听听孩子心里是怎么想的，我们要帮助孩子正确地认识这件事情，鼓励孩子勇敢地承认错误、改正错误，我愿意为孩子保密。一个多小时的电话交谈后，小D妈妈接受了我的建议，按照我教她的方法回家耐心地给儿子做了思想工作。

在小D爸爸的帮助下，小D搜集了很多关于生石花的知识，精心地制作了课件，为同学们讲解了番杏科植物的知识。

“这种植物原来生长在热带及亚热带地区，当地降雨较少，所以植物呈现肉质化，里面储存大量水分，所以它们不需要太多的水。”他一边讲解着，一边还时不时偷偷看着我。我在远处向他竖起大拇指，他似乎讲得更加精彩了。问题迎刃而解，孩子们一下子了解了其中的秘密，纷纷感谢他，夸他知识丰富。

在他的号召下，班里还成立了养植小组。他们在家长的热情支持下，也开始在家种植多肉植物，彼此交流养植心得，学写观察日记。在呵护植物的过程中，孩子们自己动手种植花草，近距离亲近感受大自然，体会劳动的快乐。并且在养花的过程中，孩子们亲自播种、松土、施肥、浇水，渐渐地，孩子们的动手能力也在不断提高。如此大大增进了父母与孩子之间的感情，培养了孩子的耐心，拓宽了孩子的知识面，培养了孩子的责任心和爱心，帮助他们领悟人生哲理。

秋去春来，孩子们早已淡忘了这件事情，那棵圆滚滚的生石花开出了美丽的花朵，之后通过蜕皮，原来被扎的痕迹也渐渐消失了。

教育反思：

小学低年级的孩子正处于生理和心理迅速发展的阶段。他们刚踏入校门，处于对新环境的适应阶段。这时的孩子对学校生活充满了憧憬，对身边新鲜的事物充满了浓浓的好奇心。但是，由于他们年龄小生活自理能力差，生活和学习习惯还没有养成。虽然他们已经形成了基本的是非观念，但是意志力相对薄弱，容易被身边的事物左右，也会随着自己的心境随时产生动摇。他们内心非常信赖长辈，渴望得到老师和父母的肯定，特别希望得到老师的夸奖。面对孩子们的信赖，我们老师要付出足够的爱心与耐心，引领他们养成良好的习惯，陪伴他们走过这一阶段，这样就会达到预期的教育目标。

在班级管理中，每天会遇到很多突发事件，这就需要教师用一双慧眼，善于捕捉教育的契机，用身边的人和事来做好学生的教育工作。班主任要善于发现学生感兴趣的事物、游戏和偶发事件中所隐含的教育价值，把握时机，积极引导，适时适度地开展系列的班级教育活动，让学生通过讲座、反思等形式学习，可以召开主题班会，特别是选择低年级孩子喜欢的故事，让孩子在故事中受到启迪，从而取得良好的教育效果。聚焦这一年龄段学生的心理特点，无论是赞赏了解真相的小H勇敢地说出真相，还是主动为小D保密，引导他自己主动承认错误，每一次谈话都是建立在充分理解与尊重的基础上。整个过程，没有一次劈头盖脸的批评，有的只是温和亲切的聊天；没有一次大庭广众的训斥，有的只是刻意创造的单独谈话的机会。真正走进孩子的内心，了解他们最初的想法，蹲下身子，站在孩子的角度，用我们成年人温暖的怀抱，去呵护孩子们暂时还有些脆弱的自尊心。然而，不仅仅要停留在让他们认识到自己的错误，还要继续为他们搭建成长的台阶，充分信任他们，让他们给同学们讲解植物的知识，揭开同学们都好奇的秘密。把照顾绿植的任务交给孩子们，培养他们的责任意识，同时引导他们学会观察与思考。在爱与责任中，通过实践帮助他们那一颗颗永远积极向上的心产生源源不断的成长动力。在教育上做个有心人、一个善于捕捉教育契机的教师，巧妙地找到解决问题的办法，使班级建设更上一层楼。

微信展示，评价成长

赵秀娟

一、故事背景

新课程理念倡导评价是为学生的发展服务的，要引导学生在现有的基础上有效发展、提高。展示性评价就是强调引导学生在现有基础上的进步，以教学实践过程和结果为评价范围，以学生在学习过程中形成的书面和非书面的全部成果为评价内容，把它们展示出来，由教师、学生、家长参与的一种评价。由此可见，展示性评价是一种重要的评价方式。

微信，是时下最常用的社交软件之一。通过微信，我与家长、学生有了更多的互动沟通。班级、学校发生了什么新奇的事情，我会发到朋友圈上，家长也就更多地了解了学生的在校情况。后来，为了方便联系，我还建立了班级微信群，将班级情况、教学进度、活动安排等内容及时发布在微信群里，用更快捷、更直接的方式与学生或家长进行校外沟通和交流，形成了家庭、学校统一的教育管理模式。

一个偶然事件，让我对如何利用微信有了更深的认识：微信不仅是教师与学生、家长沟通的有效途径，更是一种展示性评价的平台。利用好微信，可以为提高学生的语文能力提供更广阔的空间，可以更好地促进学生成长。

二、故事描述

冬 绪

随着秋天最后一片金黄的叶子落下，冬的脚步已经到来。不知何时起，冬被戴上了万物凋零的帽子。我却喜欢冬，因为它的“温暖”。

冬不像夏天，热得你无法呼吸。冬的暖是温暖你的心。

无论是和家人一起喝腊八的粥，吃除夕的饺子，猜十五的灯谜，还是长辈有些唠叨的叮嘱，都能温暖我的心。温暖我的不是火红的太阳，而是人与人，事与事，如同一股暖流。

有人不喜欢冬，认为冬是终点，是结束，是尽头。但春夏秋冬一个轮回，日复一日，年复一年。冬季是尽头，但也是新的起点。想得远一点，没有冬的准备，不准备得万事俱备，只欠东风。那么东风来了，又怎会花红柳绿，万物复苏？冬天，真的很温暖。

这是小L同学在学习完第一单元后所写的作文。小L本来是一个活泼好动、不爱阅读、不爱写作文的男生，语文成绩并不理想，但是这篇文章我认为他是用心写的，而且进步非常大。作为开学初的第一篇习作，他就能够认真对待，就凭这份认真，我觉得就应该给予鼓励。光在班里读一读？我觉得不够。于是，经过小L的同意，我把这篇习作拍成照片，发到班级微信群里。一石激起千层浪，微信群里的讨论达到了前所未有的热烈。大家纷纷留言，评价不一。

生1：这是小L写的？该不会是哪儿抄的吧？

生2：小L是想一鸣惊人呢！

生3：写得不错，向小L学习！

生4：没想到小L还有这两把刷子呢！

……有褒有贬，有鼓励有质疑。个别同学的怀疑让小L感到委屈，于是他找我私聊。

“老师，××怀疑我是抄的，您信吗？”

我立刻回复他：“小L，首先，我肯定这不是你抄的作文，老师是绝对信任你的。其次，看到这么多同学关注你，你的进步让他们感到吃惊了呢！你看，开学以来，你的进步多大啊！听讲认真了，发言多了，爱看书了，写作水平也提高了。这篇文章你运用了大量的心理活动来描写对冬天与众不同的感受，最重要的是你的视角独特，描写细腻，有感悟、有创新，使人眼前一亮，印象深刻，写得多好啊！孩子，老师相信你，继续努力，坚持下去就是胜利！别担心同学的质疑，老师会为你澄清事实真相！”

接着，我进到微信群里，发言说：“有同学对小L的文章产生怀疑，这是合理的。有质疑的声音，说明大家认真读了小L的文章，更说明了小L这篇文章的水平高，进步大。但是我们也要想一想小L开学以来的表现，不管是课上回答问题还是完成家庭作业，他的进步大家有目共睹，我们不能总拿老眼光看人。所以老师有理由相信这篇文章是小L自己写的！”

看到我对小L的认可，那些存有质疑的同学也纷纷向小L道歉。

“小L，你可太叫大家意外了，知道你进步大，不知道你进步这么大，别在意我之前说的话啊……”

“小L，对不起，我不该怀疑你的进步，我应该向你学习……”

“小L，你真让我刮目相看，原谅我的冒昧吧！”

……

我的评价和大家的发言，使小L消除了困惑，建立了自信，学习的劲头越来越足。

接下来的一个周末，我布置了小练笔。周一看到小L的作业，果然不出我所料，他完成得更加认真，进步越来越大。于是，我再次征求他的意见，经他同意后，我又把他的练笔拍成照片，发到了班级微信群里。这下同学们对小L佩服得五体投地，纷纷出来点赞，再也没有质疑他的声音了。

就这样，只要看到小L的作业有亮点，我总会拍下来发到班级微信群里，这种微信展示性评价进一步激发了他学习语文的积极性。

后来，我收到了小L妈妈的微信："老师，您好。小L现在对阅读和写作产生了较为浓厚的兴趣，以前总是被催促着读书写作文，现在他积极多了，已经开始向我要课外书看了，还会跟我们交流读后的感悟，有的观点也令我感到欣喜，真心感谢老师的鼓励和教育。谢谢您！"

不仅如此，我还收到了其他家长的留言。

"什么时候能在班级微信群里看到我家孩子的作业展示啊？"

"××，你该加油了，向小L学习！"

"小L真是让人刮目相看。"

……

看到微信展示性评价获得了大家的高度认可，我有了将学生作业和日常表现拍成照片发到班级微信群里的习惯，班级的学习氛围越来越浓厚，学习风气越来越浓厚。

三、故事反思

我们教育的目的就是要让学生健康安全、积极愉快地生活。关注教育的过程，我们要正视学生在年龄和心理、生理上的特点，遵循教育规律，通过挖掘每一个学生身上外显或内隐的闪光点，不断地进行表扬强化，变补缺为增优，从而促使学生在体验成功和愉悦的同时，自觉主动地克服缺点，形成正迁移。

利用微信对学生进行展示性评价是与时俱进的一种评价方式，也是语文教学多种评价方式中的一种。利用好微信展示性评价，可以有效地增加学生的学习兴趣并改变学习态度，提升其学习能力。相对于其他的评价方式，微信展示性评价有着不可低估的优势，它辐射范围广、受众面广，操作起来也简单、便捷。

另外，利用微信进行展示性评价的方式是一种同时注重过程、方法、结果的评价方式。这种评价方式使学生放下追求完美的包袱，充分调动了学生的思维，使学生在浅层次认识的基础上各抒己见、畅所欲言，从而有效地激发学生的学习兴趣，寓教于乐，极大地促进了学生语文学习能力的提高。

在微信展示性评价过程中，首先，教师要与学生一起讨论什么可以展示，让他们感受到自己被老师关注，被老师尊重，让学生从中感受到自己有好多可以展示的成果，感受到自己的进步。其次，在微信展示性评价过程中，学生可以通过认真观看别人的展示，说出自己的感受，从而使学生在对比中进行“自我”反思性评价。此外，因为群里的内容可以被很多人看到，有家长的话、老师的话及学生的话，所以教师要重点引导学生学会关注他人、欣赏他人，找出自己的不足、他人的不足并能恰当地提出建议。从准备到展示成果这一过程，正是学生积极主动参与并得到提高的一个过程，在这个过程中，学生的情绪是高涨的，得到的评价是客观的、多维的，这样也就能很好地促进学生的发展。

当然，利用微信对学生进行展示性评价也出现了一些问题。如网络语言的不规范行为、不负责任的言论以及一些有争议的认识和看法，这些都需要教师慢慢去引导。可以说，微信展示性评价是把“双刃剑”，利用好它，让它为我们教师所用，可以极大地提高教师的工作效率，帮助教师和家长、学生之间进行有效沟通，更可以有效地促进学生的学业水平，帮助学生更好地成长。

用心工作，用爱浇筑

刘　昱

小学时，我以全校第一的成绩毕业，而后，我又以全校第二的好成绩从普通中学考入了北京市重点中学，最终，以优秀的成绩获得了首都师范大学双学士学位。这都要感谢我的老师们，感谢他们对我的谆谆教诲和严格要求。因此，从大学毕业的我，毅然放弃了外企的高薪职位，选择回到母校，成为一名普通的小学教师。

初为人师的我奔走在办公室和教室之间，忙忙碌碌却很充实。刚参加工作两个月，我就在区教育教学大赛中获得现场课二等奖的喜人成绩。同时，我利用自己年轻的优势，拉近和学生之间的距离，使自己成为学生的好朋友。我的讲授也好似单口相声，课堂常常是笑声一片，让学生在轻松的氛围中获得知识。

当我和孩子一起升入紧张忙碌的六年级，为了给孩子一个充实的课堂，我认真钻研教材，研究教法，常备课到深夜；为了帮助孩子提高成绩，我精心挑选练习题，分层布置作业；为了给基础薄弱的学生补课，在征得其家长同意后，经常为他们忙碌到晚上六七点钟，常常连晚饭都忘记吃……虽然辛苦，但我的心里很快乐，因为在我的努力下，学生的成绩都稳步提高，纷纷升入理想的中学。我指导的学生在市、区，乃至全国的数学竞赛中屡屡获奖，我也多次被评为优秀辅导教师。

我和学生之间既是师生，更是朋友。孩子们毕业时，我亲自为他们设计了毕业纪念册，那里不仅有孩子们生活点滴的记录，还有老师对他们寄予的厚望。孩子们不知从哪里问到我的生日，毕业都很久了，他们竟还记得给我打电话、发短信送上祝福。每逢此时，我就深感作为一名教师的幸福。

给高年级学生的爱，是充实的课堂、丰富的知识，对于低年级的孩子，我又想给他们无微不至的关怀和细心的呵护。在担任低年级数学教师时，我考虑到一年级的孩子刚刚走入校园，不仅在学习上需要老师的循循善诱，在生活上也处处需要老师的指导和照顾。

班上有个孩子格外淘气，不仅坐不住，还常常在课堂上发怪声、做怪相，老师稍不注意他还会钻到桌下。针对这个孩子我想尽了办法，却都收效甚微。通过查阅相关资料和网上咨询，又几经周折征求心理专家的意见，了解到孩子应该到医院做进一步诊断和治疗。但我得知孩子的生母不在身边，父亲也才和我一般大，对孩子的教育定是力不从心。于是我决定挤出时间，亲自陪伴，带着孩子到专科医院就诊。

当我向医生表明身份时，医生瞪大眼睛瞧着我："怎么还有老师带着学生来看病的呀？这可真够新鲜的！"整整一个上午，看着我领他楼上楼下地做各项检查，呵护备至，连水都顾不上喝一口，孩子父亲也被感动了，对我连声道谢，我只是说："你不用谢我，只要带好孩子就是对我最大的感谢！"

经过医生、家长和老师的多方配合，现在孩子不仅能够完成自己的学业，还能主动担任老师的小助手，给同学们讲数学题。几个月后的一次放学后，孩子突然抬头看着我说："老师我觉得你特像我妈妈！"

"妈妈"——这是我又一次成功的角色转换，对于一年级的孩子，我不仅是他们的老师，更是他们在学校大家庭的"妈妈"。

在我任教的班级中曾有两个特殊学生，这又是新的挑战。经过观察我发现，他们虽然听不见，但是对肢体语言极为敏感，因此我在备课时配合教学语言特别设计了手势和动作，有助于这两个学生的理解。这一办法不仅改善了他们的听课效果，肢体语言也吸引了更多孩子的注意力，提高了整体课堂效率。同时，为了让他们和其他孩子一样，我引导他们积极参加集体活动，歌唱不好就给大家伴舞，参加演出的他们增强了自信心，同时也得到了家长们的认可。

在不断的努力下，进步了、成长了，同时也取得了颇丰的成绩。我撰写的论文在市区比赛中屡次获奖，执教的电子白板录像课《最大公因数》和《九加几》都获得了全国二等奖，两次在区教学大赛中取得课堂教学和教学设计双项一等奖。这些成绩和进步，都是我用对学生、对教育的热爱浇灌出的花朵。

我还以教学为基础，主动开展教学研究，并取得了一些成绩。2015年，在我工作刚满5年后，我申请的北京市规划办教学研究课题《在小学数学教学中基于学情调研进行有效教学设计的研究》通过批准，成为当年石景山区唯一一个获批的小学数学研究课题；经过数年的研究，不仅顺利结题，而且取得了石景山区教育教学成果二等奖的好成绩。

同时，在学校的各方面工作中我都努力贡献自己的一分力量。用自己的数码平面设计特长，曾为学校设计校徽、台历、宣传页等，得到了大家的认可。

在工作之余，我也注重自身素养的提升。通过学习，我考取了国家三级心理咨询师，又在中科院心理所学习了儿童心理学的研究生课程。虽然边工作边学习是件苦差事，但是这对我的教师工作有了很大帮助，它让我更加了解孩子们的内心世界，能够敏锐地捕捉到孩子们的情绪和知识上的需求，帮助他们更好地成长，让我更毫无保留地将爱给予孩子们。在不断的努力下，我的成绩也得到了更多的认可，2013年度曾被评为石景山区师德标兵，成为石景山区最年轻的师德标兵之一。

我深知这些进步和成长并非个人成绩，而是来自学校为我们搭建的平台，来自同事们对我无私的帮助，来自家长们的全力支持！

身为教师的我，只是众多园丁中的一个，繁星中的一点，但我愿意把仅有的这些爱，全部给予孩子，给予我热爱的教育事业。相信，萤火之光虽不闪耀，但正是像我这样众多老师的星星之火及全身心的爱，照亮了孩子们明亮的前程。

人事工作无小事　面对挑战勇担当

封　微

为人师表、教书育人、无私奉献——教师这一神圣的职业，一直是我敬慕、向往的。身为石景山外语实验小学人事干部的我，虽不在一线任教，但我在业务岗位上尽职尽责，为学校和教职工能正常开展教育教学工作保驾护航。我深爱着我的工作、深爱着我的学校。

2022年已经是我从事学校人事工作的第十个年头，在持续学习人事制度和多年工作实践中，我深深体会到人事工作在学校日常工作中的重要性，充分感受到"人事工作无小事"这句话的内涵和分量。

首先，日常工作面广、项目多，比如教职工考勤统计、工资绩效计算、职称评定、岗位设置、合同签订、人事档案整理、招聘组织、考核考评、退休业务等，每一项都涉及学校的正常运转和每位教职工的个人权益。在做好日常工作的同时，我还要求自己熟悉掌握人事管理制度，结合学校以人为本的管理理念，了解教职工同事的状态，做好人事工作安排的合理建议、人事政策的清晰传达及讲解等，为学校人事管理、功效提升作出专业支持和贡献。要做好以上工作，就需要我必须具有扎实的专业能力和极强的责任心、丰富的沟通协调和统筹能力，还要严谨、细致、有耐心，做到每项业务政策把握到位、操作准确及时。

同时，我的工作也充满挑战，相信大家都记得我们度过了2020年这个不平凡的年份，突如其来的新冠肺炎疫情，让当年的春节变得严阵以待，随后教职工及学生全部居家工作学习，进行线上教学。7月的人事招聘工作也由集中笔试和现场面试调整为线上综合专业考核的方式进行。这种方式是我接手人事工作以来从未经历过的招聘方式。教委要求招聘方式虽有变化，但公开、平等、竞争、择优的原则要得到更好的保证。通过教委领导对线上招聘的方案解读，我的第一感觉是程序更烦琐，需要考虑的环节更加精细，信息化设备要求更高。但是招聘工作不能因为形式的改变而耽误，应届毕业生就业问题仍需要解决。

面对新的工作内容，我仔细阅读和研究文件精神，将考核方式的变更向领导汇报，并将精神和要点以及重点内容向领导传达，校领导表示面对疫情带来的新的招聘形式，虽然时间紧任务重，但学校一定要克服困难，保质保量地让本次招聘工作顺利进行，并且会在各方面都给予大力的支持。面对领导的鼎力相助，我在这关键时刻一定不能掉链子。新方式、新政策下首先我要将整体招聘的程序和方案自己捋出头绪，加班加点在学校制订符合我校实际情况的流程方案，只有方案制订好了，确定好人员分工，才能一步步细化线上考核工作。在此过程中我也是反复推敲，内容涉及平台的使用、时间安排、考场的设置，以及具体的考生考试流程、考官的安排、考题的准备、评价标准以及应急事件的处理都要详细地在方案中体现，而且要求每个步骤都要细化，不能有纰漏。比如，如何确定考生当天的考试顺序，以及对考生的培训、演练和保密协议的签订，如何告诉考生考题范围，如何确定考生准确收到考题范围以及是否对培训内容完全了解并知晓，这都需要考生明确将信息发送到学校指定邮箱进行确认，并留存备查，所有环节要做到事无巨细。经过反复斟酌考虑，在技术刘老师的帮助下，短短两天内便制订出我校线上综合专业考核的实施方案，方案经校领导成员商议后提交到区教委，最终得到教委领导的认可，并将我校方案作为优秀招聘方案让各校借鉴。当然，疫情期间最重要的还是要做好疫情防控，虽然考生不在现场，我们的工作人员不管在培训还是正式考试的时间，仍然要保持合理距离，佩戴好口罩，防疫物资准备齐全，应急方案及物品确保无误，在做好线上考核的同时保护好员工的身体健康。

第一步成功迈出后，接下来就是组织学校工作人员的培训和演练。学校工作人员主要涉及考官、技术人员、计分计时人员及各个考场的负责人员，每个职位都有自己相应的职责和义务，都需要进行电子设备的操作，每个环节环环相扣，需要严格把控时间，任何一个环节出了问题都会影响考生的实际利益，涉及考生能否顺利完成线上考核。所以在培训前我将每个职位需要做的具体事宜和时间点都作为重点逐一强调。工作人员也都是第一次参加线上考核，同样知道线上招聘是严肃严谨的，每个人都聚精会神，做好笔记，培养默契；结合几次的实地演练，配合平台的使用，熟悉软件的操作，让自己能马上进入状态。

学校方面的准备工作顺利开展后，就是在平台上带考生的线上全流程的演练。此项工作开展前我将给考生培训的重点和要点进行归纳，并逐一对考生进行培训，通过培训能看出每个考生都很珍惜和重视此次应聘工作，都希望自己能成为学校的一名教育工作者，每位考生都非常认真地听解读并详细地做着笔记，生怕落下某个环节。看到考生如此坚定的眼神，我觉得我做得再多都值得，因为我的付出能帮助他们找到人生第一份工作，这也是我的荣耀，尤其是在疫情期间，坚持自己理想信念的人更值得尊重。

在充分的培训和演练的基础上，学校线上考核工作最终按计划顺利完成，没有出现任何问题，我们也招进一批年轻的教师，为学校的教师队伍带来了新鲜的血液。

此次招聘，对我而言既是一次极大的工作挑战，也是自我学习和成长的过程，在以后的人事工作中我会更有自信、更有担当。作为学校的人事干部像这样的情景还有很多，有时会有困难、会有迷茫，但我时刻谨记要以学校的建设和教职工更好的发展为基础，把各项工作做细、做好、做到家，为教育事业奉献我的一分力量。

一朵温暖的小花

刘　慧

时间推回2020年的那个平淡却不平凡的夏天。这一年7月我们毕业了，迈着青春的步伐，自信昂扬地走出大学的校门。这也许对于每一年毕业季数以万计的毕业生涌入社会来说，是一件很平淡的事情，但作为2020年疫情以来的第一个毕业季，也注定它是不平凡的一场征程。还记得在那一次“新颖”的线上毕业典礼上，我们曾对母校宣誓：在今后的学习和工作中，我将明德于心，育教于行，努力学习，自树树人。

一转眼，从毕业至今，我已经工作了17个月。在这一年半的时间里我和我31个可爱的孩子们一起学习、一起生活、一起成长。2020年9月1日我们一起迈入小学的校园，参加学校为我们设计的精彩纷呈的开学典礼。这一天孩子们正式成为一名小学生，我也正式成为一名小学教师。在这一年半的相处中，我最大的感触就是教师与学生、教育与学习是一个相互促进、相互成长的过程。作为一名教师，我们要走近学生，在每一天的相处中，在每一次的实践中，真实地锻炼与提升自身的专业能力。

苏霍姆林斯基说过：“教育艺术的基础在于教师能够在多种程度上理解和感觉到学生的内心世界。”在与孩子们的接触中，我也逐渐地学会了耐心地倾听，懂得听取学生的心里话。作为一名“新手”教师，在面对孩子们一些突发事情时，处理时总会有些焦虑和急躁，还不能真正地站在孩子的角度去理解问题，也不能熟练地站在教育家的角度巧妙而又高超地解决问题。

那天天气很冷，难得地出了一次太阳。孩子们正在室外上体育课，我像往常一样在教室判作业，等待孩子们下课回教室。不一会儿，夹杂着三三两两的脚步声与谈话声，孩子们陆续进了教室。这时我发现有一个小男生低着头抹着眼泪，蹑手蹑脚地走进教室，常常一起走的小伙伴此时也不在他身边。我连忙把他叫住，很直接地问道："这是怎么了呀？怎么哭了呢？"孩子依然低着头，一句话也不说。我又连忙追问道："刚刚磕了碰了吗？摔倒了吗？"正说着，眼睛从孩子的头顶移开，不断查看孩子的膝盖、胳膊。孩子这时也有了反应，仍然低着头，摇摇脑袋。看来不是受伤了，我也稍稍放心了些。一会儿孩子抬起头，看着我的眼睛，吞吞吐吐地张开了嘴，半天憋出一句："老师，是……"眼看着马上就要上课了，孩子们也已经都进教室了，还没等男孩把话说完，我不得不打断他，说道："没受伤就好，咱们调整一下，马上就要打上课铃了，收拾一下，我们先上课吧。"

上课铃响了，孩子们都端正坐好，学习委员喊道："上课，起立。"一切都按部就班，如往常一样。只是这个小男孩，总是低着头，课堂上与我的眼神交流少了很多，上了一节闷闷不乐的语文课。在课上讨论、读课文的过程中，我也缓缓地走到这个孩子的身边，伸出手摸摸孩子的头，试图安抚孩子的情绪，但这些无疑都是徒劳的。

一下课，组织好同学们的课间休息，我立刻走到这个小男生的身边，拉开旁边同学的椅子坐了下来，这次我没有带着自己的猜测和顾虑着急发问，只是坐在孩子的身边，看看他，陪着他。不一会儿孩子看着我，主动说了一声："老师。"他说完又没了声音，没有等到下文我便说："我在，怎么了？你愿意和老师说一说你现在的想法吗？"这次并没有像之前一样等很久，我话音刚落，他便点了点头说："上节体育课，我在操场旁边的花池里看到小花枯萎了，我蹲在地上看了好久，我特别伤心，小花死了，我把它拿回来了。"说着把手伸进了桌斗，我看到了他宝贝一样藏在桌斗里的小花，它就在桌斗左侧的空位置上静悄悄地躺着，周围的书和文件夹明显被调整了位置，挤出这么一个小空间来摆放这朵小花。他继续说道："我想把它拿回家，家里很暖和，这样小花就不会死了。”说完抬起头看着我的眼睛，一瞬间我被孩子的行为和想法震惊了，孩子的内心是多么的柔软而细腻呀！原来孩子眼里看到的世界和我们所看到的世界有这么多的不同。此刻我不知该说些什么，是安慰孩子因为小花而难过的心情，还是劝他看开些不要因为小花而难过，抑或直接告诉孩子，不要因为这不起眼的小事难过。但就这样一直被孩子圆溜溜的眼睛看着、看着，我不忍心说出这样的话，我感受到孩子想要的并不是我对他的安慰和劝导，在这样的注视下，我的安慰和劝告显得那样苍白无力，显得是那样的不走心，因为他想要的只是那朵鲜活而富有生命力的小花。“我想，小花一定能感受到你的温暖。把它拿回家吧，放在花盆里或者做成小书签，换一种方式，它会一直陪伴你的。”站在小花的角度，我这样和孩子说道。听完我说的话，孩子把小花拿到了手里，点了点头，轻轻地拿一张纸把小花包了起来，放在笔盒里。再抬头时，我看到他的眼睛闪现出一道亮光，嘴角有了一丝微笑，我的内心也松了一口气。

教育反思：

皮亚杰认知发展阶段理论认为，小学一年级的学生认知发展处于前运算阶段，在这一阶段的孩子认为万物皆有灵，也就是“泛灵论”。同时这一阶段的孩子具有强烈的好奇心和探索欲，他们会更认真地观察身边的事物。见到没见过的事物，就会激发他们的好奇心，从而喜爱它们，有保护的欲望。

在和孩子两次的沟通中，第一次比较焦急，第二次我没有着急地发问，没有带着自己的理解去盲目猜测孩子内心的感受。而是能够静下心来陪伴孩子，倾听孩子最真实的想法，尝试着站在学生的角度感受他们眼中的世界。在我与孩子们之间，我不是一名高高在上的监管者，而是一名幸福的麦田守望者。

这样的事情几乎每一分每一秒都在班级中发生，但在积极上好每一堂语文课中，在和孩子们经历一件又一件的事情中，我慢慢地学会倾听、学会表达、学会组织。坚守教育初心，用青春与奋斗，耕耘教学沃土。

教育从一枚徽章开始

吴继红

一、案例背景

一天，下课时，一名学生指着我胸前佩戴的徽章，问："老师，你戴的这是什么?"我说是党员徽章。他又好奇地问："党员徽章？什么是党员?"

学生的发问令我震惊，孩子竟然不知道什么是党员，不认识党员徽章。我陷入深思，孩子们在佩戴红领巾的时候，知道红领巾是红旗的一角，是用烈士的鲜血染成的，但这只是肤浅的认知，他们可能知道"共产党"这个词，但对"共产党"真的了解吗？对于中国共产党的光辉历史又知道多少呢？对于共产党领导中国人民浴血奋战、建立新中国的历程是不是很清楚呢？作为学校党支部书记，作为学校德育工作直接负责人的我情不自禁地思考：我们党的红色基因如何传承下去？应如何开展学校的德育教育？于是，我萌生了给孩子们讲党课的想法。

二、案例描述

给学生讲党课，如何将中国共产党的诞生、成长、壮大的历程让孩子们自然而然地理解？党课不仅要吸引学生、感染学生，而且更重要的是达到育人的目的。

（一）开展调研，了解学情

为了讲好这节党课，我首先对五、六年级的学生进行了一次“党的知识”的调研，问题涉及党的诞生、党的历程、党的成就以及学生知道的共产党员等。通过调研我了解到，学生对党的成就有些了解，尤其是看到近几年来在中国共产党的领导下，国家取得了辉煌的成就。但学生对党的历史了解甚少，对于中国共产党的诞生、成长、壮大知道得更是寥寥无几，也不是很清楚身边的共产党员是谁。

（二）结合契机，营造氛围

对学生的认知有所了解之后，我认真地进行了准备。我认为，中国共产党的诞生及历经的艰苦历程应该让学生有所了解，应该让他们看到不同时期英勇的共产党员们在艰苦卓绝的斗争中，展现出的英勇无畏、不怕牺牲、敢于斗争的可贵品质。同时还要让学生看到祖国在中国共产党的领导下，取得的举世瞩目的辉煌成就。

2021年正值中国共产党百年华诞，我紧紧抓住这一契机，在学校开展“党在我心中”活动，通过广播、升旗仪式、板报等形式向学生介绍党的历史、党的成就，营造庆祝中国共产党成立100周年的氛围。

（三）党课育人，百年礼赞

经过充分的调研和精心的准备，我走进了教室。

党课伊始，我指着自己胸前佩戴的徽章问：“孩子们，你们知道我佩戴的是什么吗?”孩子们有的说是胸针，有的说不知道，有的说是共产党员戴的……于是，从一枚徽章引入的以“辉煌的历程，光荣的使命”为主题的党课开始了。

从党员佩戴的徽章入手，按照党的诞生、党的历程、党的英雄、新中国成立后党的辉煌成就这四个层次向学生们展开了一幅中国共产党百年历史画卷，学生们看到1921年中华民族在危难之际，在一艘小小的红船上，中国共产党诞生了。这艘小小红船承载着人民的重托、民族的希望，越过急流险滩，穿过惊涛骇浪，成为领航中国行稳致远的巍巍巨轮；看到中国共产党带领英勇的中国人民，不忘初心、浴血奋战、历经风险、勇往直前取得一个又一个伟大的胜利，使中华民族屹立在世界的东方；看到在这艰苦卓绝的奋斗中，一个个共产党员用他们坚定的信念、无畏的精神树立起一座座伟大的丰碑！刘胡兰、杨靖宇、江竹筠、赵一曼……一个个闪亮的名字成为激励人民不断奋斗的航标。学生们还看到，新中国成立以后，许许多多的共和国建设者艰苦奋斗，改变了国家一穷二白的面貌，许多优秀的共产党员为祖国的强大默默付出。一张张生动的图片展示和文字描绘震撼着孩子们的心灵。课上，孩子们多次哽咽，为祖国以前的落后落泪，为祖国现在的强大落泪，为有这样的党、这样的国家而骄傲。

党课即将结束，我问道："和平时期，共产党员们在自己的岗位上不断创造着一个又一个奇迹，共产党员成了先锋模范的标志。孩子们，你知道咱们学校有谁是共产党员吗？"孩子们纷纷指出自己的英语老师、数学老师、语文老师……"你怎么知道的？"有的说看到他们戴着党员徽章，有的说他们工作特别认真……就这样，学校优秀党员的身影深深地印在孩子们的心里。

最后，我让孩子们说说自己的感想，很多孩子都说，听了这节党课，看到了中国共产党的伟大，并表示一定听党的话，努力学习，为建设祖国贡献力量。还有几个孩子不好意思地问我，什么时候可以申请入党？怎样才能成为一名共产党员？并表示要好好学习争取以后成为一名光荣的共产党员，为国家的强大、为祖国的振兴而努力。看着孩子们激动的面庞，我也心情澎湃，仿佛回到了自己入党宣誓的时刻。此时我感到这节党课成功了！

（四）童心向党，红色传承

党课结束后，班主任们都纷纷向我反映，听完党课后孩子们非常激动，非常敬佩共产党员的爱国精神和崇高的民族精神，那可歌可泣的英雄事迹让他们感动至深，孩子们身上充满正能量，学习比以前努力了，对自己的要求也比以前严格了。为了巩固党课效果，我又通过党史知识竞赛、共绣一面党旗、参观红色基地等活动让学生进一步了解中国共产党的历史、感悟中国共产党的辉煌历程，在孩子们心中深深埋下爱党、爱祖国的种子，用红色精神引领孩子们为祖国的美好未来不断努力。

三、案例分析

学校德育工作是无处不在的，有充满活力的教育主题活动，也有细处着手、小中见大的育人途径，作为教育工作者，就要抓住教育的每一个契机，实现“立德树人”的教育目的。

（一）善于发现德育工作的切入点

一直以来人们都有一个误区，学校德育务虚的多，务实的少。其实不然，务虚只是因为我们没有关注学生，没有从学生的问题入手。作为德育工作者，要有一双善于发现教育切入点的眼睛，要深入学生中，切实了解他们的所思、所想、所感，有针对性地展开德育教育，这样就会取得实效。

通过这个故事我发现，学校无处不德育，大到一个活动，小到一个徽章、一个标识。此次党课就是因一枚“党员徽章”而起，可见校园的一草一木、教师的一言一行皆可进行德育教育。青少年是国家的未来，党的事业的希望，事关中华民族振兴的千秋大业，学生时期是一个人世界观、人生观形成的重要时期。抓住有利时机，充分利用学校教育的良好环境，加强对学生的德育教育，使我们的孩子健康成长。

（二）提升党组织对德育工作领导力、组织力的认识

德育教育对学生的思想认识、为人处世起引导作用，它应该蕴含在各种活动中、在学科课堂上、在常规管理中、在教师的为人师表中、在同学的榜样示范中、在环境的育人氛围中。《关于进一步加强和改进学校德育工作的若干意见》中指出："完善德育工作管理体制。各级各类学校党组织都要加强对学校思想政治教育工作的领导。"为此，中小学党组织应该在学校德育工作中发挥其领导核心作用。

（三）恰当开展或组织适当的教育活动

通过此次党课，我看到对小学生进行有关党的基本知识教育，可以帮助广大学生提高对党的认识，增强对党情怀的需要。

对小学生进行党的基本知识教育，不同于对成年人，要选准学生的疑惑之处入手，从学生身边的人和事入手进行教育。从学生的疑惑入手，引发学生兴趣，引导学生认识党、了解党，把党课教育重点放在增强教育效果上，让更多的学生较早、较系统地接受党的基本知识教育。这样的党课，学生喜欢，易于接受，通过党的基本知识教育，使广大学生初步懂得中国共产党是社会主义事业的领导核心，只有社会主义才能救中国，只有社会主义才能发展中国的道理。

拼读促乐趣，词句显真章

刘子震

人生如初露，润物细无声。师者，传道授业解惑，需兢兢业业、默默付出。一届届学生们学有所成的背后是每一位老师的辛苦付出，我很荣幸能成为石景山外语实验小学的一员，为学子点亮灯塔，指明方向，照亮远方。

在日常的教学中，学校为我们每名青年教师能尽快地成长为名师作出规划，并创造机会，让青年教师会手写教案，撰写教学反思，倾听前辈们的建议，这些都为每节课教学任务的顺利开展与实施打下了坚实的基础。所以，我们都格外珍惜在这个有爱的大家庭工作与成长的机会。

记得叶澜教授曾说，一个教师写一辈子教案不一定能成为名师，但一个教师写三年的教学反思，就有可能成为名师。每次课后，我都会腾出一些时间反思本节课的亮点与不足。

作为一名一年级教师，寓教于乐是一年级每日英语课堂教学的主旋律。学生们看图猜词、齐唱歌谣，自信的朗读彰显了他们对知识的牢固掌握；绘制绘本、表演故事，精彩的图画与沉浸式的舞台表现诠释了他们丰富的想象和创造能力。与可爱的一年级学生相处，能体会到他们思维上的天马行空与无尽的创造力和无穷的潜力。也正因如此，帮助学生们发展得更为全面，更熟练地运用所学习的知识去思考与解决问题是课上课下教师研究的重点。课堂上，教学生在倾听中学会表达、讨论中加深记忆、游戏中促进合作、表演中强化自我，教师利用丰富的活动潜移默化地培养他们良好的学习习惯。课堂下，也会通过小练习和游戏竞赛等方式检验学生是否真的学懂了会运用了。本着认真、求实的态度，想与各位老师和朋友们分享我的一些教授“Phonics”的教学故事。

Phonics被译为自然拼读，通俗地讲，就是英语中的拼音。学习自然拼读的目的是让学生告别传统记忆单词的方法，达到无须音标、无须死记硬背、见词会读、听音会写、流畅阅读的目的。看起来自然拼读这么万能，一定会被学生快速掌握，其实不然。对新入学的一年级学生来说，区分语文的汉语拼音和英语的自然拼读就是一大难题。需要教师运用一些小技巧，与字母、单词的学习和听力、阅读等练习相结合，帮助学生学得更快，记得更牢。

第一则教学故事是自然拼读与字母教学相结合的趣事。

将一年级的字母教学与自然拼读教学相结合，初步建立字母与其发音最直观的联系，特别需要关注26个字母中的5个元音字母（a，e，i，o，u），它们有长音和短音的不同发音。自然拼读与汉语拼音有很多相似的地方，学生可以借助学习汉语拼音的方法和经验很好地理解自然拼读法，通过认读单词，避开了恼人的抽象音标，降低了单词识记的难度，充分激发了学生学习英语的兴趣。可是，正因为和汉语拼音有相似之处，有时学生就会直接用汉语拼音的读音来拼读单词，比如，短元音a、e和i的发音就总出现混淆的情况。考虑到类似的小问题出现，我就和英语组的前辈们一起商量，看看能不能通过形象记忆或者编一个小故事来引导孩子们记住发音。经过我们的共同努力，终于想出了好办法。

a和e在自然拼读中的发音比较相像，一个是大口发音，另一个则是小口发音。发现这个不同之后，教师们想到可以通过两根手指放嘴前发/æ/、一根手指放嘴前发/e/这一形象动作来帮助学生区分这两个音，通过“大小口”的游戏在增强孩子们英语学习兴趣的同时，再次加强了对易混音节的记忆。字母i和o的讲授也很有意思，通过形象记忆，字母i像数字1，所以它的发音是/i/；字母o好像嘴巴张得圆圆发出的样子，所以它的发音是/ɒ/。字母u的发音就更有意思了，我们给孩子们讲了一个小故事：公交车上有一个大胖子，不小心踩到你的脚，很痛！你会发出什么声音？没错，就是/ʌ/。再比如，讲长元音在

a_e、e_e、i_e、o_e和u_e结构中的发音时，教师会先让学生们观察它们有什么相同点，通过观察之后，学生一致找到都有字母e在最后，而它们的发音都是发前面元音字母的字母音，所以我们一起编了一个小口诀："看到结尾字母e，考虑是否为_e，怎么考虑？往前推两位。"在玩中学，在学中乐，通过以上方法，每个学生都把长元音的发音规律记得滚瓜烂熟，心里都非常开心，学习自信心倍增。

第二则教学故事是自然拼读与日常单词教学相结合的趣事。

在日常的单词教学中，我和学生一起坚持单词的词义与拼读、拼读与拼写相结合的原则。引导学生关注一些常用字母组合的发音，使其掌握音形一致的规律，如er，ar，an，or，ou，oa，or，ay，ea，oo，ee，th，ch，sh，ph，wh等，进一步提升学生自然拼读能力。在充分学习字母及字母发音的基础上，让学生认读教材中的"元音和辅音字母组合（cat）""辅音、元音和辅音字母组合（dog）"的单词，对自然拼读法进行简单的渗透，循序渐进地培养学生对语音的感知和运用能力。启发学生通过教师的举例进行举一反三，自己总结出发音规律。

比如在学习can时，教师可以出示一些学生熟悉的单词：man，fan，Jan，pan，ran，tan，van，让学生感受an在单词中的发音规则。在学习her时，教师可以将er，or，ur进行对比学习，并编写故事、儿歌等帮助学生记忆。例如，Herbert is the worst，the worst worst player. He is the world's worst player.通过不断的练习，学生能初步做到见到符合发音规律的单词能读。我还设计了图片连连看、对对错错等多种游戏带领学生操练字母和单词的写法和发音。同时根据小学生模仿能力强的特点，设计唱儿歌做字母操的方式来进行巩固练习，使学生体会在玩中学、学中玩的快乐。而在评价时我通过awesome（非常棒），excellent（优秀），lovely（很好）等对学生进行评价，将知识学习融入学生生活的点点滴滴中。

第三则教学故事是自然拼读与听力训练相结合的趣事。

认识一个单词首先要关注单词的发音，而对音的辨别能力来源于前期大量的语音积累，通过反复播放英文歌曲、创编韵文、欣赏原版动画片等方式，让学生在编编写写、说说唱唱中完成语音的积累，提高他们的听力辨音能力。在教授歌曲和韵文时，通过重说重唱的形式感受歌词、节奏和韵律。在学习新单词时，对学生进行听写训练。先重复读出单词，让学生根据读音辨别单词上所含音素，说出单词所遵循的发音规则，并补充相应的字母。例如，字母c在字母e，y，i前读作/s/（cent，bicycle，city），在其他字母前读作/k/（can/could）。一些小口诀，比如“元音元音s变z”“字母c遇到i、e、y就会被吓得瑟瑟发抖，所以发s的音”等。都是通过听读积累的经验，久而久之，学生们就能发现自然拼读中的小窍门，以此提升学习效果。

第四则教学故事是自然拼读与听力训练相结合的趣事。

自然拼读法是一种科学阅读的方法和技巧，学生能在阅读中得到训练和提高。在学生们掌握自然拼读法后，我会找一些简单配图故事让学生在阅读中去拼读、理解单词，让学生在一个个不同的故事中，重复拼读同类的音，把相应的自然拼读法的规则都能练习到。之后，教师可以提高阅读难度和阅读量，找些有趣的短文或者与课文难易度相当的故事让学生阅读，可以选择最重要的部分进行讲解，可以针对一个或几个发音规则进行训练。通过这样的阅读教学，循序渐进地强化巩固自然拼读法，使学生达到能够熟练应用英语发音规则，见词能读、听到能写的程度，促进学生听、说、读，以及后续的写，各方面均衡发展，极大地增强学生学习英语的兴趣和自信心。

我的教学故事

刘玥茜

一、案例背景

孩子们入学以来第一次接触居家学习的模式，学生、家长和老师都有些措手不及。班里很多家长都在私下聊天中表达了对孩子自觉性的担忧。是呀，家长的担忧不无道理。据我了解，班级里大部分的孩子都是和爷爷奶奶在家，爸爸妈妈也都逐步开始复工。在如此环境下学习，是对孩子们自觉性的极大考验。我们班孩子的自觉性良好，但是其中有几个学生还是让我提前发起愁来。通过假期的一些书写作业的完成情况来看，这几个学生的状态的确一落千丈，如何让他们在之后的线上学习中提高自觉性主动地去学习，这是值得我深刻思考的。

二、案例描述

王某某平日里是个很听话的小男孩，十分机灵懂事。在居家学习中，我发现王某某同学在书写上有所退步，生字格里写的字七扭八歪，这让我很是担忧。刚开始，我在批阅学生的生字作业时指出的书写问题，几天之后在王某某的作业中依旧存在。我连忙跟他的家长进行电话沟通，询问他的拿笔姿势是否正确，并利用视频做了讲解、示范。最后建议家长，让孩子利用课余时间练练字帖。之后，每天家长都会给我拍他的字帖练习视频，虽然孩子每天都在坚持，但是我发现他的书写并没有长进。我再次和家长进行沟通，了解到原来家长已经复工上班了，因为没人照顾孩子，爸爸只能将孩子带到单位。

了解实际情况之后，我向家长提出亲自辅导孩子书写。我跟家长约定好每天的辅导时间，就开始通过视频的方式单独指导王某某书写。就像上课一样，我一个字一个字地给王某某讲解字的结构，指导他自己观察重点笔画的位置、长短，要求他每天练习书写我们一起研讨过的字，并对他说：不要求数量，但要求每一个字都要比前一个字写得漂亮。

经过一段时间的指导，王某某的书写有了明显进步，我开始慢慢放手，让他自主完成每日的书写作业。我发现除了他的字比原来有了很大进步外，其他作业也能够认真完成了。这让我感到十分欣慰。

三、案例反思

（一）给予学生足够的关心

居家学习对一年级孩子来说是个挑战。他们年龄小，自律意识差，学习上会出现各种各样的问题。老师和学生不能面对面交流，还会导致师生关系疏远。给予学生足够的关心，让他们知道虽然不能见面，但是老师每天都在关心着他们的生活和学习。在居家学习期间，我认真观察每个学生的动态，通过学生家长的朋友圈、学生的作业反馈等了解学生在家的生活、学习情况。对于案例中王某某同学的情况，及时发现他的书写问题以后，出于对学生的关心，进行单独的指导，帮助他改善了书写不认真的行为，从而顺利地度过这个特殊的时期。王某某同学在此期间也是感受到了老师对他的那份关心，认真对待老师留的每一项作业，完成作业以后我也及时地对他进行表扬，学生心里十分开心。这样，他也不会认为老师是在说他做得不好，而是真的是为了他好。

（二）给予学生足够的耐心

在对学生进行指导的时候，教师应该给予学生足够的耐心，毕竟学生的成长不是一蹴而就的，而是应该循序渐进的，所以在实施指导的过程中，教师应该耐心地引导学生，耐心地等待学生的发展。王某某同学的字不是说一天两天就能写得很完美的，这需要一个过程。所以我辅导他书写的时候，也是一笔一画地去纠正，从不同的方面进行指导，每天的字练习得不是很多，但是一定要做到“精”，重点的笔画的占格要准。我对孩子说：“你就想，写下一个字的时候要比上一个更好就可以了。”学生听完以后，踏踏实实、认认真真地写每一笔。老师的耐心也会影响到孩子，他看到老师都很有耐心地去教他，他也不会着急了，就会更加认真地去完成。通过这样耐心的指导，学生从而也真正摆正了态度，而且还有效地提高了书写的能力，因为我知道只有学生自己内心真正意识到这一点，才能真正改正自身行为。

（三）与家长实施家园共育

对于学生的教育并不是教师一个人的责任，同时也是家长的责任，这一点在疫情期间尤为明显。对于一年级小学生来说，他们的自律行为不够完善，因为疫情期间学生都在家学习，所以更需要家长的监督和陪伴。因此，对于王某某这个案例，我不断地与家长建立良好的沟通关系，深入地了解学生出现问题的原因，并通过与家长之间建立良好的合作关系，每天有针对性地对学生实施指导，并且及时地反馈给家长，我帮助了孩子哪些，孩子又收获、进步了哪些。让家长清楚了解到老师对孩子的作用以及孩子的进步。除此之外，我还会给家长一些好的建议方法，让家长在居家的日子里对孩子进行督促，从而形成了三方密切的协作。在积极有效的家校合作中，学生的进步正是教师、家长和学生共同努力的结果。

在此期间，能看到孩子们一点一滴的改变，这也让我感到十分欣慰。其实每个孩子身上都有自己的闪光点，教师要懂得挖掘每个孩子的优点。除此之外，对于学生的问题也要进行剖析，深入地分析问题的原因，从而更有针对性地帮助学生解决。做这些也是出于对学生的关心，为了学生能变得更好更优秀。不忘自己的初心，用心去对待每个学生！

鼓励是学生进步的阶梯

张秋红

谈起我的教育故事，让我想到很多很多：我想起秋季入学的时候，牵着一年级孩子的小手，带他们认识校园；想起和六年级毕业的孩子依依惜别；想起给学生补课时，学生一句真诚的“谢谢”；想起和全班同学一起排练节目，准备朗诵比赛、准备舞蹈……我和孩子们同唱、同跳、同悲、同喜，一个眼神的沟通，一个手势的默契。爱也是一种艺术，它让我能敏锐地发现孩子们的“闪光点”，懂得用最美的语言去激励学生。

一、故事背景

小Z的父母中年得子，因此备受父母的宠爱，爷爷说这可是他们家五代单传的金孙，事事都要父母爷爷包办，据可靠消息：早晨叫不醒，衣服都是爷爷帮他穿的。所以他做什么都比别人慢半拍，别的同学一节课生字、写词甚至练习册都完成了，他两节课都完不成。谈心、催促都不管用。

二、故事描述

别看小Z同学干什么都慢，但是有一样快，那就是吃饭快，从来不挑食，吃什么都香。有一次，课间的时候他很兴奋地告诉我：老师，今天中午我吃大虾。我冲他一笑：“真好，今天作业写不完大虾就归我了。”他一听着急了，赶忙跑回座位写作业去了，在中午吃饭前居然完成了作业。这让我在感叹大虾极具魅力的同时也想到了帮助他的好办法。小贴片、先锋卡对他不管用，那就奖励他好吃的。中午的时候，我把学生退的大虾奖励给了他，并告诉他，以后每天只要按时完成作业，就会有特别的奖励，否则晚上老师会一起陪你来做作业，回不了家。他高兴地答应了。午休过后看班的老师找我，说小Z同学中午不睡觉拿着一只大虾细细地品味，最后还把很完整的虾皮收在了衣服兜里。我问他："是这样吗？为什么要这样做？"他说："这可是我胜利的果实，是我得到的最好的奖励，所以要细细品味。我把虾皮收起来，是要带回家给爸爸妈妈看我得到的奖励。"听完他天真的话语，我释然了，夸奖他使他有荣誉感，懂得和爸爸妈妈分享自己的进步，于是我告诉他只要努力今后还会有奖励，但是食物不能自己收起来，这样做不卫生。慢慢地，小Z的作业不仅能按时完成，字迹也写得干净工整了，我就在他的本子上盖上大拇指印章，告诉他："你真棒！"偶尔他想停下来歇一会儿或是搞一搞小动作的时候，会先抬头偷偷看一看我，这时候我就冲他竖起大拇指鼓励他坚持。他也读懂了我的肢体语言是在给他加油鼓劲儿，就低下头继续写了。在不断的鼓励与帮助下，小Z同学不仅作业能按时完成了，做事情也快多了。

平凡的工作，总是带给我太多的感动。一天，我身体不适，走上讲台，我尽量不让难受的感觉表现在脸上。坚持上完两节课，回到办公室，发现桌上有一封信。信封是彩纸折的，上面认真地写着"张老师亲启"，信封还鼓鼓的。这是哪个小家伙给我的信？很快，我便从信封熟悉的字迹中猜到是小Z。打开一看，只有短短的两句话，却好像一阵春风拂过我的心田："张老师：您今天嗓子是不是有点不舒服？给您两块润喉糖，我希望您快点好！"我一倒，信封里滑落出两块糖，我一下就被甜到了。

这封信我反复看了好几遍，欣喜和激动不能自持。小Z这个从小被娇宠的宝贝也会关心人了。我倾注心血教育这些可爱的孩子，一心只想给予他们关爱，教他们知识，教他们做人，从没想过要什么回报。然而在不经意间，我的孩子们已经长大了，他们懂得了老师的爱，用纯真的童心回报老师。能够得到孩子们的心，这比什么都珍贵啊！那一刻，我体会到了做老师的幸福！

三、故事反思

（一）投其所好的评价，捕捉学生发展点

每个学生都是独一无二的，作为教师，我们要善于捕捉每个学生的“与众不同之处”，注重平时对学生的观察与发现，用发展的眼光看待他们。让充满正能量的评语真正成为洒向学生心灵的一抹阳光，既要温暖学生，满足学生的心理需求，也要能激发学生斗志，照亮学生前行的方向。这样的评价具有很强的激励作用。学生在教师的赞赏声中建立了自信，教师正能量的评价帮助学生体验和享受了成功。

（二）多种形式的鼓励，搭建进步阶梯

好多同事都说我班的孩子懂得感恩、上进心强，其实好孩子都是夸出来的，这其实就是一种心理暗示，不断地告诉他：你就是最棒的。夸——不是流于形式、浮于表面的，而是在学生做得好的时候、有进步的时候，针对做得好的地方，大大地夸赞，不仅是赞美的语言，也可以是一个鼓励的微笑，也可以是一次握手、一个大大的拥抱。奖——我的奖励多种多样，学生说我的提袋就是哆啦A梦的百宝袋，听写全对时的一颗糖果、小书虫的一个书签、爱好画画孩子的一本《昆虫之谜》。我的奖励还有很多，例如，冬天暖暖的果汁、夏天的酸梅汤，那些不爱喝水的孩子也捧着大杯子喝得美美的，学生获得的不是居高临下的恩赐而是共同成长的喜悦、发自内心的关爱与鼓励。

人是渴望得到鼓励的，学生更是如此。学生受到表扬时，脑神经活动快，更加敏捷，做事效率也高。所以，我们在评价学生时要用不同方式的鼓励，正

强化的激励，别出心裁的设计，根据不同的学生，因材施教，对症下药，这样才能达到评价“诊断、激励、改进”的作用。让我们用善于发现美的眼睛，正确评价学生，有针对性地评价学生，让学生有更大的发展空间。

作为一名班主任，我爱每个学生，也得到了学生们的喜爱。我认为每个学生都有被赏识、被承认、想发展的心理需求。发挥评价的素质教育功能，突出学生的主体地位，促进学生不断发展，学生既是评价的主体，又是评价的对象。学生主体作用的发挥体现在评价的过程中，而不单是结果显现的形式上，关键是使学生逐步将外在的评价目标变成自己的自觉要求，实现自我素质的完善。通过鼓励性评价，实际上是把学生的日常学习和生活行为具体化、直观化，每个学生身上都有“闪光点”，他们强烈渴望被认可和赏识，这就需要老师、家长用爱去发现，让每个孩子都能成为最棒的学生。

我的教学实践

多彩小手账，艺术实践落地生花

潘　红

中共中央办公厅、国务院办公厅印发了《关于进一步减轻义务教育阶段学生作业负担和校外培训负担的意见》，并发出通知，要求各地区各部门结合实际认真贯彻落实。

“双减”指要有效减轻义务教育阶段学生过重作业负担和校外培训负担。此次“双减”新政，国家层面透露的风向标非常明确，就是要出重拳、出实策，让教育回归公益属性，让教育主阵地回到学校，助力高质量教育体系的构建。教育不是把孩子们培养成一个会考试、会写作业、沉迷游戏、两耳不闻窗外事的小孩儿。为了确保“双减”工作取得实效，还学生快乐健康的童年，降低学生近视率，培养学生积极向上、阳光、有志向，让教育回归学校主阵地，不断提升教学质量，我在课后服务时间开设了特色课堂，为二年级小学生制定课后艺术实践活动——“小手账，大世界”。

一、主题及宗旨

主题：多彩手账，艺术实践落地生花。

宗旨：贯彻“双减”工作，助力延时托管。

了解手账，学习手账的绘制书写方法，启发学生感受并表现学习、生活中的美好事物，从中体验手账的魅力。

二、活动时间

每周一次。

三、活动地点

北京市石景山外语实验小学二年级教室。

四、活动安排

（一）第一、二周

了解手账的相关知识，欣赏优秀手账的艺术美。
欣赏标题艺术字的形式以及在手账中的运用。
尝试书写标题艺术字。

（二）第三、四周

了解几何形文字框与标题文字的组合样式。
尝试绘制几何边框式手账，并摘抄好词好句。

（三）第五、六周

了解自然形边框与标题文字的组合样式。
写一句有关天气描述性短语，做到图文并茂。

（四）第七、八周

了解剪贴式手账与标题文字的组合样式。

写最想表达的一句话，做到图文并茂、言简意赅。

（五）第十周以后

绘制个人手账。

学生作品交流。

五、活动准备

教具：教学课件、手账范图；材料：1.0勾线笔、彩铅、水彩笔、手账本。

六、教学目标

认识手账，知道手账是用来记录生活、规划时间、管理学习等的记事本。

学习手账的设计方法，感受手账独特的艺术魅力。

在手账制作过程中感受并表现学习、生活中的美好事物，从中感悟生活的乐趣。

七、活动过程

（一）活动导入

对比两篇日记，你更喜欢哪一篇？为什么？

今天老师带你们一起来认识一个新朋友——“手账”。

（二）讲授新知

1.什么是手账

手账都可以记录什么？它有什么特点？

“手账”一词来源于日本，翻译过来就是笔记本的意思，是指用于记事的本子。

据说，“手账”在日本明治时代就已经出现。它最早是为政府和军队官员特别设计的，作为“行程记录本”供他们使用。至今，日本大部分人都会随身带着记事本，随时随地掏出来翻翻看，或者在上面记些什么。手账本实质就是一个记事本。古代中国人就有记手账的习惯，称作“手簿”，俗话说“好记性不如烂笔头”。

2.绘制手账工具

绘制手账的用笔多样，除了日常写字用的笔，还可以是彩铅、水彩笔，甚至是用水粉水彩颜料。这些笔材及颜色的使用，让手账更具个性且美观。

除了用绘画的方式，通常还使用贴纸、印章、便利贴、修饰带和纸胶带装饰手账，起着装饰和分隔的作用，除了这些，日常生活中的车票、机票、照片等都可以作为贴纸粘贴在手账本上，不仅记录生活，还可以丰富手账的内容。

3.内容丰富的手账

手账并非简单的记事本，它可以在你阅读了一本好书后，用阅读手账记录下你的所思所想，在品尝美食后，用美食手账记录下它的制作方法，或者与大家分享舌尖上的快乐；旅行手账则可以记录旅游途中的趣事与小麻烦，一天的快乐事与伤心事都可以记录在心情手账中，当然还可以写写自己的小秘密、对自己来说重要的事……手账就像大百科全书一样。它不满足文字形式的记录，还要配以精美的手绘插图，还可用辅助用品装点。正是它内容丰富、图文并茂的艺术形式，深受大众的青睐。

4.艺术实践

请根据喜好，绘制生活手账，记录一件有趣的事。

要求：主题突出，图文并茂，色彩搭配协调。

小插曲：老师为班级准备了一个“班级手账漂流本”，每名同学写完后传给好朋友（下一名同学接力）。

5.活动拓展：认识手账达人——达·芬奇

达·芬奇曾说：“人的记忆力最不可靠，最好准备一本笔记本在手边，随时可将眼前所见的事情速写下来。”这句话完美诠释了手账最初的功能。

达·芬奇有一种做记录的习惯，光手稿就有数万页。

他一直抱着极强烈的好奇心和细致入微的观察力去了解这个世界，感受这个世界。兴致勃勃地徜徉于艺术与科学之间，感受着宇宙万物间的联结。因此，我们可以在达·芬奇的身上学到很多，他能将艺术、科学、技术和想象力融为一体，这也是创造力的经久秘方。

他一生不竭的热情、永无止境的好奇心和实验精神提醒着我们，无论是我们自己，还是我们的孩子，都不应该止步于吸收知识，更要去质疑，要充满想象力，要敢于不同凡“想”，就像任何时代的天才和革新者一样。

八、活动小结

（一）小手账，大视野，童年的留声机

在“双减”政策下利用课后服务时间，带领学生绘制“小小手账本”，在学习的过程中学生们了解了什么是手账本以及手账本如何去设计书写，更重要的是小小的本子成为孩子自由发挥放飞自我的空间。小小手账本立刻点燃了孩子们的热情，他们内心的小宇宙开始爆发，从不认识、不会，到一个文本框、一两个简单的词语，逐渐扩展到能表达完整的一句话，能力强的孩子能做到图

文并茂写出一篇完整的小日记。一篇小小的手账承载着孩子对世界的认识。

学生们在手账中记录着学习生活中的点点滴滴，他们的情绪、他们的发现、他们的苦恼、他们的小秘密，这方寸之间展现着孩子们对世界的认知，美妙的图形、缤纷的色彩，将孩子们稚拙的言语装饰得多姿多彩。

每当翻阅孩子们的手账本，我都会被他们天真的童趣感染，手账本里面记录了他们学习进步得了先锋卡的快乐，我会在文章后为他写上“为你骄傲”；出现了错题小本上的文字马上就会有低落的情绪，我就给孩子留言“别灰心，我们找找原因，快把小缺口补上”；因为天下雨，我们在教室里写有关雨天的内容，孩子们有因为雨天不能上体育课失望不开心的，也有因为从天而降的小雨带来的小惊喜……就在孩子们一篇篇的手账中，我了解他们学习生活中的小事，甚至与我分享他们的小秘密，与他们共同快乐着、失落着、气愤着、心爱着……看着他们捧着心爱的小本，认真地读着我给他们写下的留言，我的内心和他们一样的满足。一本小小手账，为孩子们留下童年珍贵的记忆。

（二）增强艺术氛围，丰富校园文化

小小手账本不仅简单地记录着孩子们的成长，推动了艺术活动在课外的延展，丰富了学生校园文化生活，增强了学生艺术文化氛围，更充分展示了师生追求美、创造美的精神风貌。“小小手账本”旨在引导学生们在绘制的过程中，真实记录自己的学习生活，从而通过不断努力奋斗，做最好的自己。艺术教育形式让学生对这一目标“看得见，摸得着”，让每一篇手账做到潜移默化地将目标内化于孩子心灵，让树人的行动有温度、有热度、有深度。落实立德树人的根本任务，全面贯彻党的教育方针，服从国家大局，助力“双减”政策下学校的课后服务，充分利用好课后时间，为学生提供更多学习和发展空间，促进其全面健康成长。

我也为班级准备了一本手账本，这本班级手账本每人都参与制作，自己

完成后随时给好朋友传下去，这样每个学生都参与班级手账本的制作，有时一天就有几个学生参与其中。手账本像一个漂流瓶在班级流动，每个学生都期盼着小本本传到自己手中，记录下孩子们的真情实感。

笔尖上的艺术，画手们的创作时光

潘　依

一、摘要

禅绕画是我在现有美术教材中寻找和线描相关的课程基础上，自由选择的一个课题，它源自网络上的一个新绘画样式。虽然有个很别致的名字，其实就是我们日常教学中涉及的点、线、面的教学。禅绕画对于很多人来说是个新名词，它被称为“来自美国的心灵画作”，是一种治愈心灵的绘画活动，在作画的同时，心灵进入冥想状态，进而达到自在、心静的效果。禅绕画很简单，5岁至80岁都可以学。禅绕画受众面大的原因之一是在任何时间、任何地点，只要有支笔、有张纸，内心平静地顺着纸张转动方向，有规律、有结构地画出图样。对于孩子，最难的就是专注地去做一件事情，而随手有规律、简单重复涂鸦，后面形成一幅美丽图案，可以让孩子在玩乐中体验自己的小小成就。

二、背景及宗旨

禅绕画被誉为来自美国的心灵艺术，并风靡于欧美，是一种全新的绘画方式。在禅绕画的世界里，没有比较，没有对错，只要我们的画手静下心来，跟着内心所想来画，并在设定好的空间内用不断重复的基本图形来创作出美丽图案，你就会感到一阵自在与愉悦，所以又被称为“心灵的画作”。

禅绕画的素材取之自然、取之生活，再加上我们无限的想象力，可以无限地延伸，产生出各种各样的可能性。

宗旨：在线描画的基础上，加入一定的形式感，学会有规律、有结构地创造纹样，启发学生观察身边的事物，培养学生拥有发现生活、发现美的眼睛。

三、教学目标

（一）知识与技能目标

第一，了解禅绕画知识，学会一到三种基本图形排列方式，并能运用线条的对比关系创作一幅简单的禅绕画。

第二，运用身边的线条进行再创作，找到自己独特的风格。

（二）过程与方法目标

第一，以观察欣赏法、讲授法、练习法为主，在禅绕画中体会平静的内心带来的线条。

第二，在练习线条的同时锻炼控笔能力，提高线条的美感与规范，感受横平竖直。

第三，培养对线条的捕捉能力与再创造能力。

（三）情感态度与价值观目标

第一，静下来感受手绘的乐趣，体验黑白线描画的艺术魅力，并学会利用艺术创作为生活增添丰富的美。

第二，将学到的有关于线条的知识广泛运用，以起到装饰、美化的作用。

四、活动安排

（一）时间安排

1.第一周

（1）了解什么是禅绕画，观看禅绕画视频。

（2）欣赏禅绕画的美感与艺术性。

（3）展示简单且有趣的禅绕画，感受线条的运用并进行临摹。

2.第二周

（1）欣赏由简单的线条演变出来的各式各样的禅绕画。

（2）感受线条疏密变化。

3.第三周

（1）体会由线条到点、线、面结合并融合的过程。

（2）在运用过程中感受点、线、面的比例配比。

4.第四周

（1）了解由水果、蔬菜等纹理演变成禅绕画的过程。

（2）运用给出的水果、蔬菜等纹理线条，结合自身创意，创作出精美的禅绕画。

（二）教学准备

教具：教学课件、禅绕画图、禅绕画视频。学具：勾线笔、铅笔、方格纸。

五、活动过程

（一）导入——视频导入

观看复杂禅绕画作品视频，抓住学生眼球，吸引注意力。

通过简单的勾线笔与纸张创作出的精美作品，你有怎样的想法？

学生：第一，线条很规整，画面很完整。第二，我想学……我想画……第三，这太好看啦！黑白灰分明，有疏密变化。

总结禅绕画特点：第一，运用点线面。第二，有黑白对比关系。第三，有不断重复的图形……

（二）新授——讲授新知

1. 什么是禅绕画，是谁发明的

禅绕画（头脑瑜伽、心灵的画作）被誉为来自美国的心灵艺术，并风靡欧美，是一种全新的绘画方式，在设定好的空间内用不断重复的基本图形来创作出美丽图案。

它是由里克·罗伯茨和玛利亚·托马斯夫妇俩于2005年创立的。一天，里克正在观摩玛利亚工作，他注意到玛利亚集中精神的状态能让他全神贯注地投入创作。通过探讨，他们意识到玛利亚在创作时所经历的正是里克冥想时所体验到的。于是，他们共同创造出了一系列的方法与步骤，使任何人在用重复图案创作精美图像时，都可以享受到内心的平静。

2. 绘画工具

禅绕画的绘画工具也很简单，仅需要勾线笔和纸张。

3. 禅绕画的绘画方法

（1）展示一些简单的、有趣的禅绕画图片（冰激凌、甜甜圈、蛋糕、叶片、线条、天气、花卉）。

学生一人一张方格打印纸，4×4的方格共16格，除去中间的两个方格共14个方格，让学生在空白处为自己设计一个艺术字名字。

（2）学生尝试过临摹，体会到了禅绕画的乐趣之处，接下来，用（长短、粗细、密度、间隔、样式）各不相同的线条进行创作。

出示一张复杂禅绕画图：

教师：图中有各式各样的图形，一起来分析一下它包含了哪些图形？分别像什么呢？

学生：各种线条。像棒棒糖、像年轮，有花瓣形、有爱心形、有半圆形……

从线条的变化到如何应用，是个系统学习的过程。

学生通过欣赏各式各样丰富的线条，在方格纸上进行初步的线条的创作，可以看出学生对此还是有很强烈的兴趣的，整体画面看起来层次是比较丰富的。

（3）在线条掌握运用比较成熟的基础上，再次增加难度。

回顾黑白装饰画。黑白装饰画更强调的是黑白之间的对比关系，在画面中运用黑与白的色块或线条来掌握整体的造型及表现力，更突出的是画家对画面整体概括的能力，以体现黑白色彩的简洁与朴素。

黑白装饰画中分为黑、白、灰三个颜色灰度变化，以点线面来作解释的话，黑主要是指黑色色块，也就是面，它在画面中起到稳定画面作用；白主要是指画面中留白的地方，也就是点，它能给画面带来一定的透气性，使画面不死板；灰色调介于黑与白之间，它作为两种不同灰度之间的过渡色，主要以各种各样的线条来诠释。

欣赏相关的黑白装饰画，引导学生观察并探讨，作品中哪个部分用到黑色、灰色和白色，并大致概括出它们分别占有的比重，以及让学生明确，黑白灰色块是穿插使用的，并不是独立存在于画面之中。

学生在了解以上信息的基础上，开始使用点线面来创作黑白灰作品。

（4）学会通过线条，寻找线条，提取线条，运用线条。

出示一些我们生活中经常能见到的蔬果图片，例如西红柿、黄瓜、柠檬、菠萝等各种角度、各种形状的图片，学生通过观察图片寻找可以运用到的线条，并在线条的基础上进行点、线、面的装饰，完成一幅完整的禅绕画作品。

六、活动小结

除了在课堂上不断实现教育总目标外，各项艺术活动也是主阵地，同时也是培养特长生的主阵地。

通过一个学期对学生进行禅绕画的系统指导，学生已经能初步感受到禅绕画的乐趣所在，并能合理运用自己的课余时间，独立完成并创作自己所想表达的线条，在很大程度上诠释了这项活动的初衷。

让我感到欣慰的是，部分学生自发准备了一个本子，专门用来练习禅绕画。在他们完成作业的基础上进行艺术作品的创作，这能够有效提高他们在艺术绘画中线条的运用，甚至在语文字体书写的过程中，对于横平竖直也有一定的帮助。同时，语文老师向我反映，学生通过对禅绕画的练习，在书写上有了很大的进步，并且能够通过艺术的实践获得成就感，这不同于字帖的单调与枯燥，是一种很有意义的存在。

对于这项活动，我给予了学生一个反馈，学生创作出来的创意禅绕画，我会粘到一个本子里。如果能长时间坚持练习，本子里会有自己以及其他同学的禅绕画，成长日记也是一个对学生练习及进步的很好的记录。

在禅绕画的教学过程中，学生从一开始的临摹到后来的练习，再到自由创作，从一条直线开始到能完整地画出一幅点线面关系丰富的作品，我为孩子们的努力所感动。艺术教育不止在课堂上存在，它是一个潜移默化的存在。在今后的学习中，我们更应该利用好课上与课下的时间，给予学生不同的教育方式来促进学生的发展，从而提高学生的美术表现能力和审美能力，以至提高美术素养，增强学生们的学习兴趣、探究精神和创新意识，依据不同活动的主题，加深对艺术的理解，真正达到以“美”育“德”，以“美”育“智”，以“特色”促“全面”，不断提高学生的综合能力，使其更为充分、顺畅地发掘、发展、发挥自身特长。

以阅读手册为载体指导学生整本书阅读

王桂超

一、案例背景

二年级第二学期的学生已经基本具备借助汉语拼音独立阅读的能力。一年级时与学生共同阅读了有趣的童话故事《木偶奇遇记》，在阅读的过程中，教师指导学生借助拼音学生字，借助词语和句子、图片来理解内容。学生在教师的指导下已经可以独立阅读短小的故事了，并开始形成乐于读给家长和朋友听、分享故事情节和感受的好习惯。在此基础上，二年级上半学期开展了共同阅读、有奖问答活动，并共同阅读了《尼尔斯骑鹅旅行记》，学生对此产生了浓厚的阅读兴趣，并逐步养成了带着问题去阅读，阅读后有答疑的好习惯。

虽然新冠肺炎疫情的突然肆虐打乱了原本的阅读计划，但是也无法阻止我们阅读的脚步。考虑到学生各自在家，新的图书无法公用，教师又无法面对面指导的客观条件，我们将阅读活动的进行和指导方式作了一定的调整。考虑到学生阅读材料不统一和教师无法亲自带领等客观条件，以及上学期阅读的内容理解较难的情况，我们决定利用阅读手册指导学生深度阅读《尼尔斯骑鹅旅行记》，同时巩固学生掌握的阅读方法。与此同时，借助微信平台为学生推荐很多新故事来读。

二、案例主题

我们将主题定为借助微信平台以阅读手册为依托的整本书阅读活动。我们之所以选取《尼尔斯骑鹅旅行记》进行整本书阅读，是因为这部童话是集故事情节、教育引导、人文科学等于一体的童话。在选取读本时采用拼音插图读本，使学生阅读的难度降低，方便识字和训练拼读，以运用图片提高自己的阅读能力。学生在阅读的过程中可以学习到以下几方面知识。

感受尼尔斯在探险过程中从一个调皮捣蛋的小男孩在好心人的帮助下改正了自己的错误，成了一个具有正义感、勇敢坚强并富有爱心的好孩子。这样的改变在潜移默化中引导他们去审视自己身上的不足，无形中起到教育作用。

丰富孩子的想象力，读童话绘本就是最好的途径。童话情节的丰富离奇、人物的有趣、作者丰富的想象力会引导孩子在想象的世界遨游。

积淀学生的人文科学知识。这本书就是瑞典的一本旅游地图，是集自然风光、人文科学、风土人情于一体的百科全书，孩子们在童话阅读的过程中就仿佛进行了一次旅行。

巩固基础字词，积累好词好句，培养语感，为习作奠定基础。低年级识字非常重要，拼音的训练也渗透在平时。因此，阅读是一个大量识字、反复复习学过的字的有效方法和课外补充。学生在阅读的同时不仅提高了字的复现率，还积累了很多好词好句，让自己的语言更加丰富优美。书读百遍，其义自见，读书是一个漫长的过程，阅读理解和习作水平的提高都离不开大量的阅读，所以，读书是非常重要的学习手段。

三、案例过程

（一）片段一

教师借助微信群发布读书要求：孩子们，你需要借助拼音，把童话读出声，遇到读不通的地方多读一读。插图也是小助手，变色词语有注解。小朋友们：相信有些情节让你记忆深刻，有些故事让你开怀大笑，那就快快读给自己的家人听吧，看看你是否能吸引住大家，记得要生动哦。

学生通过微信或朋友圈展示读书过程和读书时的情景。

得到家长反馈：学生坚持每天睡前给妈妈读故事，读完才能睡觉。

学生拿着小铅笔读书，边读边圈画，非常认真。

小结：学生在完成阅读的同时，锻炼了提取信息的能力，养成了归纳总结的习惯，随着教师布置的一项项闯关任务的完成，也一步步提高了阅读能力。

（二）片段二

教师通过微信指导学生：小朋友们，文中有很多有趣的人物，你能做一期手抄报，画一画、写一写，介绍给大家吗？

他们是谁，什么样子？他们性格如何，做过什么事？你喜欢他们吗，为什么？

小朋友们，拿出画笔，展开想象，开始创作吧，我等着你们的精彩作品哦！

（三）片段三

教师通过微信指导学生：小朋友们，你们知道吗？尼尔斯走过的地方真实存在哦。如果不信就边看书边画出地方，在地图、网络上找一找。你能画出他们的旅行路线图吗？我知道这有点难，但是你们就差一步了，聪明的你们一定能成功，加油！

小结：看到学生的阅读小报不禁感叹学生的潜力是无限的，能力也远超老师的想象。二年级的学生能够结合书中的内容分析人物性格，整理思维导图，是非常不容易的。闯关的乐趣在于设定不同层次的阅读任务，让不同的学生都能有所收获，乐于探索。对于能力比较强的学生更是激发其无限可能，使其创作出更多的优秀作品。

四、案例分析与反思

在新冠肺炎疫情期间，在停课不停学的背景下，我借助“微信平台”指导学生阅读整本书，让学生在家读书也有收获，提高学生阅读的积极性，让书读得有效果。在制作“阅读手册”时认真思考其实用性，以此帮助学生阅读。

（一）“微信平台”的应用让学生学有所依

微信在现代社会已经扮演着举足轻重的角色，由于它有着沟通便利的天然优势，在疫情期间更是不可或缺，而我们如何利用微信来指导学生学习便成了需要思考的问题。

1.坚持专时专发原则

我们采取了提前10分钟发布信息原则。有效提醒学生专时专用，读书贵在坚持。我坚持阅读前发信息。按照阅读作息坚持下来，学生积少成多，已经读完了整本书。

2.指导方法原则

在发微信时不是简单地发送信息，而是要指出今天我们阅读的内容，阅读前做好什么准备，在阅读时我们可以用到的方法。如此一来，学生读书时便有了依托，也会养成阅读前做好准备的好习惯。现在，学生在阅读前习惯性看看老师的提示，拿出铅笔做好准备，好习惯一旦养成就能受益终身。

3.激发兴趣原则

孩子在家读书不比在学校，可以有老师带着讨论，学生一起分享。那么，一旦不想读了怎么办呢？就此问题我们进行过讨论，学生们纷纷发言想妙招：可以给老师打卡，可以读出来录音……为了激发学生阅读兴趣，让他们觉得有伙伴在身边。于是，我会不时和他们就一个问题交流，让他们私信我，或者把做好的作品发给我欣赏。我会鼓励他们，给他们发好看有趣的表情，孩子们很喜欢。

（二）“阅读手册”让学生阅读时有目标，提高阅读的兴趣

在撰写“阅读手册”时，我们经过讨论最后确定三个原则。

1. 简单易操作

“阅读手册”是让孩子们看的，所以，要让他们看得懂、愿意看。所以在形式上我们采取多图少字的原则，让他们真正看进去。由于当时正是疫情最严重的时候，为了安全，不要求他们打印，“阅读手册”用来读就可以了，不需要往上面写什么内容。

2. 亲切有趣味

要让学生觉得“阅读手册”亲切，就好像老师在和他们对话一样。每一个任务的发布都依托一个可爱的卡通形象，比如小天使、小博士。这样学生就好像在和其对话一样。

3. 由简到难分层次

要考虑到学生阅读能力的不同，在内容设定上就像闯关游戏一样，由简单到困难。比如最简单的是大声读出来就好，然后是能讲给他人听。在动笔的环节中，也考虑到有的小学生喜欢写字，可以写一写好词好句，或者你喜欢的人物。还有喜欢画画的小学生，可以绘制地图或邮票。形式比较多，学生各有选择，百花齐放。

这段时间，我和学生借助微信进行指导和分享，又更加深刻读了一遍《尼尔斯骑鹅旅行记》，让这本童话界唯一获得诺贝尔文学奖的书再次滋润我们的心田，开阔学生的眼界，促进学生成长。阅读是一个人一生获取知识和快乐的方式，学生时代，教师要营造班级阅读之风，培养学生阅读习惯，激发阅读兴趣，带领学生不断地阅读，为他们奠定坚实的阅读基础。

小学英语教学多元化评价策略探究

李彩欣

美国心理学家加德纳提出了多元智能理论。不同的人可能擅长用特定的智能方式进行学习，个别差异在教学中不可忽视。如果认为学生可以使用不同的智能方式来学习、记忆和应用知识，那么用单一的教学评价方式来评价学生必定是有局限性的，取而代之的方法应该是多元评价。只有这样才可能真正发挥评价的功能，培养出具有分析、思考和问题解决能力的学生。

小学阶段最重要的是培养学生的学习兴趣，建立学生学习英语的自信心。有效的评价方式可以充分调动学生学习英语的热情与动力。在教学实践中，我尝试将几种评价手段逐步渗透到日常教学过程中。经过实践，我逐渐积累了一些经验，也取得了一些良好的效果。

一、多元评价的原则

要保证评价的有效实施，保证评价具有鼓励、促进和目标达成评定的功能。

（一）学生为主体原则

评价必须要关注学生的不同需求、不同发展水平，尤其是语言发展方面的差异。在选择评价方式时必须关注学生的多元智能的差异，采用多元评价方式以适应不同多元智能倾向的学生的需求。同时，必须关注学生的年龄特点和认知特征。

（二）多元性原则

尽管知识学习是小学阶段的一项重要内容，但就小学英语而言，绝不是知识的学习，而是能力的培养。评价不能表现为单一的知识评价，要尽可能地采用多种方式，如学生做事、表演、会话、交际等，评价学生的多种语言技能。

（三）发展性原则

在小学阶段要关注学生的发展，关注学生的进步，而不是学生学习的成绩和分数。作为教师，要尽可能地记录学生在学习中的表现，关注学生在知识、技能、情感态度等各方面的变化，发现学生发展中表现出来的优点和不足；要及时调整教学策略，设计更适合学生发展的活动，促进学生的健康发展。

二、多元评价的载体

基于以上的评价原则，在教学中我充分利用不同的评价载体，为学生量身定做适合不同水平的学生的评价方式。

（一）班级内评价

1.课堂评价表与学校先锋卡评价相结合

小学低年级学生的脑功能发育处于“飞跃”发展的阶段，他们大脑神经活动的兴奋性水平提高，表现为既爱说又爱动。他们的注意力不能持久，一般只有20～30分钟。他们的形象思维仍占主导，逻辑思维很不发达。他们的独立性和自觉性较差，在生活、学习、活动等各个方面都希望能够得到老师与家长的关注。他们开始评价自己和别人，但评价自己时，只看优点，评价别人时容易受成人的左右。他们很少能顾及客观外界与自我的关系，只会以自我为中心。而我们的课堂上有三四十名学生之多，课上难以做到给每个孩子发言的机会或者更多关注，如果学生感到自己不被老师在意，很容易失去对老师的信赖，更不愿意追随老师进行学习。因此，我设计了一个课堂评价表，课堂上能够追随老师讲课的同学都能够得到一张贴纸，积攒5个就能兑换我们学校特有的“先锋卡”，在后续的“先锋卡”超市兑换活动中，孩子们还能够得到自己想要的小礼物，获得“先锋卡”最多的同学以及本学期进步最大的同学还能够得到先锋卡“一日游”的机会。因此，通过小小的一张课堂评价表，孩子们感受到的是老师对他们的认可，感受到的是他们被老师关注了，更能保持良好的学习持久性。

2.小组合作创编故事

利用孩子们的特长，给他们机会向大家展示自己，激发他们的学习积极性和主动性。更重要的是，增强了小组的合作意识，在合作中互相学习，取长补短，可谓一举多得。我将孩子们的作品进行展览，为班级营造了一种浓郁的英语学习氛围。

3.多种类型的作业

课堂的生命力在于给学生足够的发展空间，有的学生善于表达，“能说会道”，学习成绩可能比较突出，然而还有一些学生表达能力一般，更需不同的平台展示。

4.班级英语剧表演

儿童学习语言的能力似乎是天生的，但正常语言发展依然需要置身于语言环境中，要有足够的语言刺激来发展语言。在汉语国家中学习第二语言（英语），是缺少语言环境的，因此教师要尽量给学生营造英语的学习环境，在课堂中创设情境，设计贴近生活、贴近实际的语言环境。

因此，课上要尽可能地把时间还给孩子，让学生根据自己的能力分别选择课文中能胜任的角色进行“角色扮演”。实践证明，科学合理地组织学生进行小组合作，可以使学生之间利用信息差更好地学会互助、学会沟通、学会分享、学会欣赏，使学生的知识、技能和情感态度都能得到发展。

5.班级板报与校内展示作为评价载体

班级的板报可以把学生的优秀作业、作品展示出来，学生在某方面获得进步和成功可以写在板报上，以示表扬鼓励。这种评价的方式公开程度大、持久性强，对其他学生表扬和激励作用也大。尤其是对英语能力较弱的孩子起到的促进作用非常明显。口语表达不行的可能书写很漂亮，画画小能手可以给自己的小文章配上漂亮恰当的图片等，给孩子们提供展示的机会，覆盖面更广。

6.照相作为评价载体

当学生达到了某一种教学要求或者目标的时候，我在班里给学生照相作为奖励。有集体照也有个人照，根据奖励的内容配有简单的文字说明，并将照片发到班级微信群中给家长们展示，一方面可以得到家长们对孩子的表扬和鼓励，另一方面也可以使家长们了解孩子成长前进的方向。

（二）校内英语节活动评价

为了丰富学生的学习生活，学校从2016年开始举办英文电影节系列活动。从英文电影配音，到英文歌曲嗨唱，全校参与的人数越来越多。孩子们通过活动提升自己，在每一次的活动中，孩子们均能表现出“我是努力的，我是自信的，我是快乐的”。采用多种评价手段和方法能够更全面地评价和衡量学生，只有这样才可能真正发挥评价的功能，才能更好地培养出具有分析、思考和问题解决能力的学生，让其发挥所长。

（三）校外评价

小学生表现欲强，乐学好动，他们不仅希望能在校内得到教师和学校给予的优质评价，更希望有机会能够走出校门，在更广阔的空间展示自己。

1.走进西餐厅，“品西餐，学礼仪”

每年，一年级的学生都会与老师一起走进西餐厅，不仅能够在校内学习相关的知识，更有机会亲自实践一下就餐礼仪。在活动中，孩子们流利的口语、自信的神态、用餐时的文明礼仪，都能得到在场工作人员和周围客人的赞赏。通过无形的评价，孩子们学习英语的热情更加高了。

2.抓住机会，参与竞赛，崭露头角

对于学有余力的孩子们来说，能够有机会利用外界社会提供的机会向更多的同学和家长展示自己，这更能够对他们起到促进作用。

总之，科学的评价是实现课程标准的重要环节和保障。不同的评价手段要求的评价标准是不一样的。作为英语学科来说，更多的是要学会用英语来做事情，使学生在语言技能上有所发展。多元化的评价方式调动了学生学习英语的积极性，促使他们动脑、动口、动手去学习。通过师生、生生，以及家长之间的评价意见的交流，学生更清楚地认识到自己的优势与不足。学生的英语表达能力有了明显的提高，逻辑思维也得到发展，自信心逐渐增强，良好的英语学习习惯和学习方法正在形成，课堂教学质量有了较大提高。利用多元评价，能够更好地促进不同程度的学生在学习兴趣、知识掌握、情感态度等方面的发展，使学生得到更加全面、精准的评价。

关注单元整体，落实立德树人

王婷婷

一、引言

《英语课程标准》(2011版）指出，英语课程要面向全体学生，注重素质教育。特别强调要关注每个学生的情感，激发他们学习英语的兴趣，帮助他们建立学习的成就感和自信心，使他们在学习过程中发展综合语言运用能力，提高人文素养，增强实践能力，培养创新精神。

2017版《普通高中英语课程标准》指出，单元是承载主题意义的基本单位，单元教学目标要以发展英语学科核心素养为宗旨，围绕主题语境整体设计学习活动。

习近平总书记在庆祝中国共产党成立95周年大会上提出“四个自信”，其中包括文化自信。因此，继承和弘扬中华民族的传统美德无疑是精神文明建设的一个重要方面，也成为教育教学的重要组成部分。

我国也有“华夏”之称，“华夏”一词的一种说法，来源于《春秋左传正义》:“中国有礼仪之大，故称夏；有服章之美，谓之华。”中国的传统服装也代表着中国优秀的传统文化和传统礼仪。

我选取了“英语”(六年级上册)“What is he wearing”(他穿什么衣服）内容，将此单元的单元主题设定为“Wearing suitable clothes”(穿合适的衣服)，整体设计服装教学，落实立德树人目标。在教学活动中，我充分挖掘教材背后的育人价值，引导学生文明着装，传承美德。

二、以"单元整体目标"为原点，发散设计"课时分目标"

小学英语单元整体教学的关键在于整体。教师在备课时，要深入分析单元整体，提取话题主线。

我在教学六年级上册"What is he wearing"一课时，将单元整体目标设定为：

能学会依据职业、场合、身材选择合适的服装，并运用所学语言进行表达，知道合理的服装搭配是一种礼貌和素养的体现。

能够运用发音规则，准确读出含有fl，fr，gl，gr字母组合的单词。

分课时目标如下。

第一课时：用语言描述他人的穿着并知道不同的职业选用不同的服装，了解合理的着装是对他人的尊重。

第二课时：能谈论人们的着装并明白不同场合应选择合适的服装。

第三课时：能依据身材选择合适的服装尺码。

第四课时：学会依据职业、场合、身材选择合适的服装，并运用所学语言进行表达。能够运用发音规则，准确读出含有fl，fr，gl，gr字母组合的单词。

三、以"分课时目标"为基础，合理设计"课时教学"

《英语课程标准》指出："整体设计目标，充分考虑语言学习的渐进性和持续性；强调学习过程，重视语言学习的实践性和应用性。"正如其所说，在正确的整体设计目标基础上，教师要通过四课时的语言学习活动帮助学生内化教学重难点，构建知识框架。

围绕主题，翻看教材，我将四个课时的次主题设定为：

Lesson 19　Clothes and jobs（19课时　服装与职业）

Lesson 20　Clothes and places（20课时　服装与场合）

Lesson 21　Clothes and size（21课时　服装与尺码）

Lesson 22　Clothes around us（22课时　我们身边的服装）

本单元共四课时，前三个课时为新授课，内容都围绕服装这一话题，主题明确：Lesson 19主要谈论他人的穿着；Lesson 20主要谈论不同场合的着装；Lesson 21主要谈论服装的尺码；Lesson 22作为复习课，在前三课时的基础上，综合人物的性别、职业、人物关系、外貌特征、身高、服装的颜色、对着装的偏好以及职业和服饰的关系等信息，丰富了对人物描述的表达方式和维度。我在授课时，借助思维导图，梳理人物信息，学生可以借助板书上的思维导图的辅助，对课文进行复述，了解描述他人的方法，并应用于写作。依据话题主线，通过四课时的教学设计，逐步达成了分课时目标，最终组成一个单元整体的架构。

四、以“语言综合运用”为实践，灵动回归“单元整体”

我在授课时注重丰富话题的广度，提高学生的语言实践能力，真正做到“活学活用”。在课后，除了基础性作业，我也为每个课时布置了实践性作业。在全面控制作业总量和时长的同时，又保证了作业质量及育人目标的有效达成，使增效减负的目标通过课堂教学实施以及课后作业的精心设计得以贯彻落实。

Lesson 19：我在授课时，问学生：“同学们，你们觉得老师在参加正式的研讨会或者公开展示课的时候，穿这件西服是否合适呢?”“那你们觉得这件运动装怎么样呢?”本课时的实践性作业是任选教材中的一幅插图，介绍图中人物在职场中的着装。通过本课时的学习，学生能明白得体着装既是礼仪的体现，也是对自我和他人的尊重。

Lesson 20：在学完课文后，我引导学生思考睡衣应该在什么场合穿，运动服应该在什么场合穿，西服应该在什么场合穿，旗袍应该在什么场合穿。布置的实践性作业是让学生依据本课对话，创编有关不同场合选择合适服装的对话。我让学生创编时，注重传统服装元素的挖掘。

Lesson 21：学生通过本课时的学习，了解到在公众场合穿着过大或过小的服装都不太得体，尺码合适也是展现礼仪的一部分。本课实践性作业是让学生回家了解家人穿衣服的尺码，增加亲子互动。

Lesson 22：学生到了六年级，思维和语言都有了一定的发展，因此我布置了一项开放、发散的作业，让学生谈论何为suitable clothes（得体的着装），促进学生的语言和思维共同发展。

不难看出，通过本单元的学习，学生习得的是有关得体着装的社交礼仪。学生在这一单元的学习之后，能围绕“得体着装”开展深入的话题交流。

五、反思

在英语教学活动中，教师应围绕教学内容和育人目标进行单元整体设计，深度分析教材、提取话题、整合资源、制定目标、设计实践性作业。在完成梯度性目标的过程中，输入大量的语言，帮助学生内化语言知识点，达到有效的输出，从而提升课堂实效，切实落实增效减负政策。立足英语学科核心素养的要求，就是要将礼仪教育内化于每一课时的教学实施中，关注在语言承载的文化和教学过程中学生的情感体验。围绕立德树人的根本任务，坚持以学生为本，遵循学生身心发展规律与教育规律，将科学的理念和方法贯穿于课堂始终。将传统文化融入英语课堂教学中，落实于学生日常生活中，增强学生的文化自信及跨文化交流能力，让他们养成用英语与他人交流的能力。

在大观念引领下开展单元整体教学

赵 燕

2021年7月23日，中共中央办公厅、国务院办公厅印发《关于进一步减轻义务教育阶段学生作业负担和校外培训负担的意见》，即刻引起社会的广泛关注。在“双减”背景下，教师的课堂教学设计、作业设计再次成为教育研究的焦点。不断唤醒老师们的“课程意识”和“教学创新”，激发老师们“在更广阔的世界教学，带孩子进入更广阔的世界”。精彩的教学设计，可以激发学生学习数学的兴趣与热情，培养学生的自主学习能力和实践能力，从而促进学生全面发展。

“双减”政策的落地，向我们学科教学传递了什么样的信号呢?“双减”之后，我们要把什么还给孩子? 教学是“双减”见效的主阵地，在“双减”政策提出的背景下，作为一名小学数学教师，我思考：怎样能让学生在学习之余还有时间仰望星空，还有时间俯下身子去嗅一嗅花草的芳香? 我想就是要把他们的大脑从刷题、机械操练中解放出来，让他们有时间天马行空，有时间奇思妙想。在这种思想的引领下，我想需要我们教师具有更深层次的专业学科素养，在教学中开展大观念引领下的数学教学。

基于核心素养的小学数学单元整体教学，就是要在大观念和整体教学思想指导下，以培养学生的学习能力、发展学生的核心素养为目的，根据教学内容在结构上的联系，把握数学的本质和蕴含的数学思想，对教学内容进行统筹组合，构建整体结构更加优化的教学单元，并由此开展单元教学整体设计与实施，从而突出学习能力与核心素质的培养。

下面我以人教版二年级上册《乘法的初步认识》和二年级下册《除法的初步认识》为例，谈谈对大观念引领下的单元整体教学的实践探索。

一、在大观念引领下确定核心概念

在低年级数学的教学中，那么小的孩子，却要形成加、减、乘、除的基本概念，还要理解基本的运算意义。直面这样的问题，唯有我们深入了解这些本体知识的基本结构，在此基础之上实现知识的“结构”“联系”和“迁移”，从而以结构化的模式构建具体内容，以大眼光搭建加、减、乘、除四种运算的立体框架，整体感悟、逐层推进，方能有效实施课堂教学，为学生的成长发展奠基。

（一）加法与乘法，减法与除法

加法是数学中的一种运算方法。最简单的是数的加法，即两个或两个以上的数合成一个数的计算方法。加法是基本的四则运算之一，它是指将两个或者两个以上的数、量合起来，变成一个数、量的计算，加法是“合”的思维。而当加法的各部分数相同时，也可以用乘法来表示，所以乘法其实也是加法的延伸，是加法的简便运算，它的思维也是“合”的思维。

减法是将一个数或量从另一个数或量中减去的运算。与“合”的思维相对的是“分”，加法是“合”的思维，减法就是“分”的思维，“分”可以用减法来表示。“分”的时候，有时候分得不一样多，有的部分多，有的部分少；但有时候却分得同样多，每份都一样，这就是平均分。平均分的时候就可以用除法来表示，所以除法其实也是减法的延伸，是减法的简便运算，它的思维也是“分”的思维。

（二）乘法与除法

乘法是“合”的思维，而除法是已知“和”，求每份的数量或者是求有几份，除法就是“分”的思维。而沟通乘法与除法内在联系的核心概念，即同样多。当将每份同样多的物品“合”起来的时候，就用乘法来表示；当“分”得的结果是每份同样多时就用除法来表示。“同样多”即建立乘法与除法联系的核心概念，“同样多”把所学的知识系统化，形成一条知识链。

在乘除法的意义教学中，如果学生能够在教学的过程中充分感受乘法和加法的关系、除法与减法的关系、加法和减法的关系、乘法与除法的关系，就能整体打通四者之间的联系，真正理解其本质含义以及区别与联系。

因此，乘、除法意义的教学中我围绕“同样多”这个概念，构建以同样多为核心的知识结构，使学生能借助知识体系自主迁移，从本质上理解乘法与除法的意义。

二、在大观念引领下挖掘知识间的内在联系，围绕核心概念开展教学

基于上面对加、减、乘、除四个运算的理解，我对乘法的初步认识、除法的初步认识进行了整体的建构。

乘法的初步认识：表内乘法是学生学习乘法的开始，它是今后学习表内除法和多位数乘、除法的基础。基于学生起点对乘法初步认识进行了整体的设计与安排：本节课致力于让学生实现在具体情境中认识乘法和乘号，理解乘法的含义，理解乘法的本质，即求几个相同加数的和的简便算法，突出核心概念“同样多”。通过乘法的初步认识，培养学生初步的分析、综合、抽象、概括的能力并使学生感受到数学与生活的密切联系。

除法的初步认识：表内除法是学生学习除法的开始，也是小学阶段数的运算内容中最为基础的内容之一。学生在学习除法之前已经知道了什么是平

均分，并通过实物操作认识了平均分的两种分法。在此基础上，本节课的编排旨在引导学生理解平均分的过程可以用除法来表示，知道除法的含义。除法的初步认识安排了例4、例5两个例题，将两种分法集中编排，突出体现无论是“等分”的情况，还是“包含”的情况，都是平均分，都可以用除法来表示。这样编排突出了知识间的内在联系与区别，不仅有利于学生理解除法的含义，而且便于学生建立良好的认知结构，突出核心概念“同样多”。同时为解答后续有关除法的问题打下牢固的基础。

三、在大观念引领下促进教学设计结构化

基于“同样多”这个核心概念，根据学生的经验和学习难点，确定两节课的教学策略。

（一）乘法的初步认识

第一，在相同加数的加法与不同加数的加法对比中感知乘法产生的意义，以“同样多”为核心理解几个几。

第二，借助图和符号表征理解乘法的含义。自主尝试用图或算式表示相同加数的加法算式，并通过对学生作品的分析与交流，使相同数连加与乘法建立联系，从而理解乘法的含义。

第三，观察比较，感受加数相同的加法都可以用乘法来表示，同时感受用乘法表示比较简便。

（二）除法的初步认识

第一，两次分物中理解除法含义。学生在回顾平均分物的基础上，借助“等分”和“包含”两种情境进行两次分物，突出除法的本质即平均分。

第二，借助图和符号表征理解除法含义。自主尝试用图或算式表示平均分的过程，并通过对学生作品的分析与交流，使平均分与除法建立联系，从而理解除法的含义。

第三，对比辨析中明晰除法含义。学生通过两次分竹笋，对比辨析，感受到虽然分竹笋的过程不同，但分完的结果都是每份同样多，也就是平均分，所以都可以用除法来表示，深入理解除法含义。

两节课的设计，学生以“同样多”为核心建立几个几和平均分的概念，在体验几个几和平均分的过程中，建立乘法和除法的模型。

总之，基于大观念的单元整体教学，它既给教师提供了更大的课程决策实施权利，又有助于教师在课程标准的框架下大胆进行教学改革与创新，探索有助于学生更好学习与发展的教学策略，同时也为学生的自主探索提供了更大的思维空间，有助于学生全面把握数学知识结构，感悟知识背后蕴含的数学思想，促进学生学习能力得到更好培养、核心素养得到更好发展。

“双减”是党和国家基于新时代教育事业发展全局作出的重大教育决策，旨在将多年来追求的中小学生“减负”目标真正落到实处，使基础教育回归学校，课程学习回归课堂，复还青少年儿童应有的学习时间和发展空间，从根本上实现教育回归生命原点的本真追求。总之，在“双减”背景下，我们要坚定不移地提高课堂教学质量、深入开展课堂教学的实践研究，助力孩子幸福成长。

思于繁　行于简

郭世红

“思于繁，行于简”，即课前学情分析“思于繁”，方可课堂有效教学“行于简”。学情分析是教与学目标设定的基础，如果没有，教学目标往往是空中楼阁；学情分析是教与学内容筛选的依据，如果没有，内容分析往往是一盘散沙或无的放矢；学情分析是教与学策略选择和活动设计的依据，如果没有，教学策略往往是教师一厢情愿的自我表演。

学情分析是了解学生已有的认知水平和能力的基础，通过分析学生对于学习所需要的情感态度和学习方式的储备，可能遇到的困难和问题，可能采取的学习策略等，为教学设计提供真实可靠的依据。教师要把自己置于学生的位置上，多问几个为什么、是什么、怎么办，从而了解学生的起点状态，抓准教学的真实起点。

特级教师于猗指出：“学生的情况、特点，教师要努力认识，悉心研究，知之准，识之深，才能教在点子上，教出好效果。”

学情分析要从学生的“已知”“未知”“能知”“怎么知”四个方面进行分析。学情分析要有一个成熟的过程——“思于繁、行于简”，才能逐步在繁杂纷乱中循出属于自己的规律，逐步螺旋上升、积淀经验。

下面通过我教学的首师大版“品德与社会”三年级上册第二单元“温馨的家”中《一家人说说心里话》这节课，谈谈自己是如何进行课前学情分析，从而提高教学实效性的。

一、学情分析“思于繁”

“思于繁”，即课前学情分析找“准”、抓“实”。“准”——研读教材和课程标准，找准教育主题的定位；“实”——深研学生，抓实学生的原有认知与需要。

下面是此课课前的学情分析，即依据课前所做调查问卷的调研进行数据统计及其翔实分析。

（一）学生课前调查问卷

1.家长有哪些要求是你不愿意做的？为什么？可以举个例子。

各类学习班占35%；催促写作业占35%；娱乐时间少占20%；其他占10%（早睡觉、整理房间等）。

2.平时你是怎样和家长交流与沟通的？感觉怎样？

不与家长说占10%；愉快交流占34%；不愉快占56%。

3.请把你现在最想与家长沟通的话写下来。打算怎样沟通呢？

少报班占45%；辅导有耐心占35%；多陪伴占10%；其他占10%（亲近自然、养小动物等）。

分析：从学生课前调查问卷中可以看出，孩子与家人还是存在着一些沟通方面的问题，集中体现在上各类学习班与家人有不同意见；极少数同学平时与家长不沟通，而大部分孩子在与家人沟通时不是很愉悦。究其原因，是孩子们没意识到与家人沟通的重要性，不理解沟通的意义，没掌握有效沟通交流的方法，进而不懂得如何与家长交流。这样长期下去势必会影响学生的心理健康，也会影响家庭中亲子关系的和谐。

（二）家长课前调查问卷

1.平时孩子会主动与您交流吗？

不主动、很少沟通占10%。

2.在家您每天与孩子交流的时间有多长?

很少说占10%;交流15分钟占45%;半小时占20%;1小时占25%。

3.当您的观点或要求与孩子不一致时,您的做法又是怎样的呢?请您列举一例。

奖励机制占10%;不愉快冷静占25%;不愉快第三方调解占30%;打骂占15%;其他占20%。

4.现在孩子有哪些需求您没有想到或做不到?今后打算怎样做呢?

学习班合理安排占45%;辅导忌急躁占30%;培养好习惯占15%;其他占10%(出国游等)。

分析:通过家长课前调查问卷可以看出,虽然家长的做法都是出自对学生的爱,但能看出,有些家长虽有交流沟通的意识,但大部分家长意识不足,没有掌握或缺乏有效沟通交流的方法,影响了家长与孩子的沟通,进而造成了与孩子沟通交流的不愉快,影响家庭的亲情与和睦。

通过以上课前的学生学情调研及深入精准分析,教师确立了以下教学目标:愿意与家人说说心里话;能够主动与家人沟通;知道理解家人,有心里话主动与家人沟通。确立教学重点与难点,学会与家人交流和沟通。确立教学方式,以学生已有的知识为起点,通过对话交流、活动体验、交流互动、游戏等,让学生直接参与教学活动,寓教育于活动中。

二、有效教学"行于简"

"行于简",即"简约"和"精简",找准重点难点的突破及筛减活动环节,使教学过程更精准,主题更突出。

正是基于课前多角度、广深度的"思于繁",研读教材和课程标准,找准教育主题的定位,找准学生的原有认知与需要,才确立了教学目标以及重点难点等,从而真正做到"行于简",确立了以下教学环节。

环节一："趣引入呈问题"。听儿歌《嘚啵嘚啵嘚》，激趣引出话题；再现生活，说出学生们的心声；呈现课前调查问卷的统计图，聚焦本班学生的问题，搭建倾诉平台，消除学生的紧张感，为接下来的学习做好有效的铺垫。

环节二："体会爱"。读家长来信，体会"唠叨"背后是父母对自己的"爱"。教师首先读一封家长来信。信中道出父母的艰辛付出、关爱以及家长的想法与期望等，化解学生与家长的分歧。接下来每个学生读父母写给自己的信，学生们认真安静地读，进而深切感受到父母的爱与家庭的温暖。

环节三："理解爱"。学生交流互动，理解主动与父母沟通的意义并学习交流的方法。此环节教师进行了有针对性、有效的课堂预设，做到心中有数。

教师预设一。学生回答：不跟家长说。

教师预设二。学生回答：跟家长说（其中继续细化）。预设①，沟通愉快。预设②，沟通不愉快。学生说亲身经历、师生同辨析个例及专家指导等，学生们理解与家人交流沟通十分重要与必要，从而真切感受到一定要和家人说说心里话的意义。预设③，游戏"年龄叠加"。通过辨析个例、专家指导等，孩子们进一步加深理解沟通的意义，一定要与家人交流沟通，尊敬和理解家长，虚心接受他们的指正批评等，愿意并主动和家人说说心里话。

课堂预设的准确和全面，正是基于课前翔实的学情分析。教师精心做好应对相关"可能"的预案分析，以便在遇到突发情况时能作出合理的处置、适当的点拨和有效的引导，为课堂教学的精彩生动提供广阔的空间，使整个课堂充满生气和张力。

环节四："表达爱"，通过给家长写信（或小便笺），说出心声，表达对父母的爱。孩子们拿起笔，将自己最想说的话写下来。"说说心里话"，落于孩子们的字里行间，落于行动之中。让课堂再回归于生活，提升了学生的生活。

综观本课，首先学情分析"思于繁"。教师课前做了充分的准备，进行了学生和家长的课前调查问卷，拿到了本学校、本年级、本班级的实际生活的第一手资料。从学生最真实的生活入手，解决学生生活中最需要解决的问题，将学生开放的、现实的生活引进课程资源，在课堂上回归生活，引发学生的体验。使学生在情绪上受到感染，情感上产生共鸣，拨动学生的心弦，寓教育于“爱”的感染与升华之中。

进而达到有效教学“行于简”。以有效的课前调查指导课堂教学，提高了课堂教学的实效性。课上结合调查问卷，有针对性地找“准”抓“实”此教学班的家长和学生在交流与沟通方面的主要问题或主要矛盾点，以点带面，以问题呈现为平台，使学生直接面对实际问题，学习并尝试解决问题。课中创设“读信”“写信”等环节，化解矛盾和分歧，进而突破重点和难点，引导学生要理解父母，尝试着与父母交流，学会沟通，从中感受到父母的爱与家庭的温暖。“体会爱、理解爱、表达爱”，让家庭生活充满温馨和快乐，提升学生的生活幸福感，从而实现以愉快积极为学生生活主调的课程目标。

通过此课例展示，我们进一步明确了学情分析之必要性与重要性。学情分析是教学设计系统中“影响学习系统最终设计”的重要因素之一，是对以学生为中心的教学理念的具体落实，是“为学习者设计的教学”。所以，只有做准做实课前学情分析，提取有效信息为“教与学”所用，从而提高课堂实效性，才能真正做到“思于繁、行于简”，真正做到“磨刀不误砍柴工”，真正走进学生的心灵，真正做到“润物细无声”。

品味古诗词之美　筑牢文化自信

张朝辉

古诗是中国灿烂文化遗产中的瑰宝，千百年来感动着不同时空的人，是人文教育和语言文字学习的丰富资源。让学生从小热爱它，是每一个教师的责任。小学语文教材选编了不少我国的古代诗词。这些诗词，有的抒发对祖国的热爱之情，有的讴歌祖国的壮丽山河，还有的阐释人生哲理……有着特殊的审美功能，学生可以从中受到美的熏陶，吸收丰富的思想养分和精湛的表达技巧，从而提高自己的阅读、欣赏以及创作诗歌的水平，并能为自己未来的学习和发展打好坚实的基础。

在古诗词教学中，我采用以下方法，让学生了解有关诗歌常识性的知识，把握诗词中优美的意境、独特的神韵和深邃的思想。

一、品味古诗的韵律美

诗歌的特点是富于节奏美、韵律美和意境美，诵读起来朗朗上口。由此可见，学生对古典诗词的学习应定位于诵读这个根本。要让学生充分地朗读，在读中整体感知，在读中整体感悟，在读中培养语感，在读中受到情感熏陶。

在古诗教学中，要指导学生反复朗读、吟诵，把声音的高低、快慢、强弱、轻重以及语调的抑扬顿挫读出来，去理解诗人的思想感情，领会其深远的意境。有的古诗读时音调要缓慢、低沉，如陆游的《示儿》，朗读时要把诗人那种至死不忘收复失地、统一祖国的爱国主义精神表达出来；有的则要用深情诚挚的音调来朗读，如《赠汪伦》中的“桃花潭水深千尺，不及汪伦送我情”，两句表达了诗人李白与汪伦之间深厚的情谊；而《望庐山瀑布》这首诗则要用热情奔放的音调来朗读，才能把诗人热爱祖国大好河山的情感表现出来。

在所有的艺术中，音乐是最容易调动和激发人的情感的。在学习古诗词时，教师借助音乐可以帮助学生更好地吟诵，加强对诗的理解和记忆。如《送元二使安西》，王维的好友元二将远赴安西，诗人特意从长安赶到渭城来相送，其深厚的情谊，不言可知。这首七言绝句在当时极负盛名，它还被谱成乐曲称为《阳关三叠》，广泛流传。每唱到最后一句时，都要反复三遍：无故人、无故人、无故人……一唱三叹，故称“三叠”。指导朗读这首古诗的后两句时，配以《阳关三叠》的古琴曲，创设情境，教师深情引读：其一，出阳关到安西，路途遥远，这一别不知何时才能再见，王维心中充满对老友的不舍，于是他端起酒杯说——劝君更尽一杯酒，西出阳关无故人。其二，出阳关到安西，一路是茫茫戈壁，漫漫黄沙，王维心中充满对老朋友的担忧，于是他再一次举起酒杯说——劝君更尽一杯酒，西出阳关无故人。其三，出阳关到安西，好友肩负着国家的使命，要勇往直前，这是一杯壮行的酒，于是他又一次举起酒杯说——劝君更尽一杯酒，西出阳关无故人。师生共同描述和想象，随之朗读也层层递进，加之音乐的渲染，使感情达到高潮，再次体会了这千古友情。

古诗适合吟咏，学生在反复的吟诵中，就能了解蕴含在和谐音律中的诗之内涵。我们应抓住这一特点，让学生多读多背多诵，带领他们去细细品味古诗文的韵律之美。

二、感知古诗的图画美

许多优美的诗词都是意味隽永的画卷，尤其是其间的佳词丽句，更是诗词作者的匠心独运，颇见功夫。它能激发学生想象的欲望，开启学生的想象、联想的创造之门。

在教学中还可以让学生根据自己对诗词的理解描述所想象的画面，通过对诗词中所展现的意境意象的描述，获得新知。白居易的《忆江南三首》通过“红胜火”和“绿如蓝”，颜色相衬，展现了鲜艳夺目的江南春景。那红如火的春花，蓝如宝石的春水，唤起学生对江南湖光山色的向往。教学这首古词的重点是引导学生感受词中所描绘的美好景致。教师引导学生张开想象的翅膀，在头脑中形成画面，把想象到的景象用画笔描绘下来。这时学生眼中的图画已不是平面的图画了，这里融入了他们对词意境的想象，使美的感知内容得到补充，再现再创造的飞跃，更有助于学生的理解记忆。

有些古诗，本身就是一幅优美的图画。如果把绘画引入古诗教学，将会大大提高学生兴趣，事半功倍。《黄鹤楼送孟浩然之广陵》是唐代大诗人李白所写。孟浩然和李白之间情谊深厚，这首诗表达了诗人送别好友时无限依恋的感情。诗的前两行叙事，后两行写景，景中却包含着一个诗意的情节：帆影已消失了，而诗人还在翘首凝望，似乎要把自己的一片情意托付江水，陪伴行舟，将友人送到目的地。诗人巧妙地将对好友的一片深情寄托在对自然景物的动态描写中，将情与景自然地交融在一起，含吐不露而余味无穷。教学时教师可充分激发学生的想象力，提出这样一个问题：如果将李白送别孟浩然的场面画成一幅画，画里有什么呢？从而让学生想象诗歌所描绘的情景。学生纷纷回答要画黄鹤楼、烟花、孤帆、长江、碧空等，教师随即在黑板上贴画了一幅简笔画。进而再探究这些景物与送别的关系，学生感受到画面的每一处景物都与送别有着密切的关系，诗人的所有情感都寄托在这些景物上：黄鹤楼是送别的地点，名楼送别友人，多有浪漫色彩呀，这也是李白和孟浩然曾经相聚的地方，有着他们美好的回忆，触景生情，更加不舍；烟花不但告诉我们送别的时间，还向我们描绘出了一幅柳如烟、花似锦的江南春景图。唐朝时期的长江交通繁忙，船只众多，可以说是千帆竞渡。在恢宏壮阔、船只来往繁忙的大背景中，诗人眼里却只有友人的小船渐行渐远，直至消失在水天相接处。“茫茫船海中，我的眼里只有你”，真挚的友谊，绵绵的情意在诗人久久伫立深情目送中传递。诗人把对孟浩然的情谊都托付给了奔流不息的江水，他们的友情如江水般绵延不绝。从孤帆到远影，从远影到碧空尽，最后消失在水天相接的地方，在这一幅一幅动态的画面中，学生体会到了古诗中的景物描写都传达着作者的情意。

三、领会古诗的感情美

古诗所表达的思想感情，离不开当时当地的情况。古诗的时代背景距现代很远，对于现代的人们来说要做到细致、深入地了解尚且不够，何况是不谙世事的小学生？怎样引导学生克服体会古诗思想感情的心理障碍呢？要让学生了解诗人，了解诗的时代背景。只有大量地阅读诗人的材料，才能拉近时空的距离，才能走进诗人的内心世界，才能触摸到诗的灵魂。如学习陆游的《示儿》这首诗，如果学生不知道陆游生活的时代背景，不知道他一生戎马，就不能真正明白他“但悲不见九州同”的悲愤，也就不能被他“王师北定中原日，家祭无忘告乃翁”的爱国情怀感动。

《黄鹤楼送孟浩然之广陵》《送元二使安西》这两首送别诗的诗题中出现多个地名，黄鹤楼、广陵、安西等。黄鹤楼位于湖北武汉长江南岸蛇山山顶，享有“天下江山第一楼”之称。广陵也称扬州，是唐朝时江南地区最繁华的都会，江南风光秀丽之城。安西，唐朝时边疆都护府所在地，大漠戈壁，黄沙漫天，环境恶劣。教学中教师需要借助地图等资料，帮助学生厘清送别的相关背景信息，并感知送别地点选择的讲究。

教学中只简单地介绍作者有时会显得太过苍白机械，而将作者写诗有关的背景内容以小故事的形式讲给学生，不仅能提起学生的兴趣，而且对学生理解诗歌有着极大的帮助。对于小学生而言，他们最喜欢的就是故事性强、有情节的内容。尤其是在古诗学习中，如果能插入故事，学生就更感兴趣了，而且能将学生引入古诗的情境中，让学生了解诗人的写作背景，与诗人产生情感共鸣。如学习《赠汪伦》一诗导入新课时，讲述了李白与汪伦之间关于“千尺桃花，万家酒楼”的故事。学生对汪伦与李白之间的情谊有了切实的了解，学习诗文的兴趣油然而生。教学中，我们可以根据教学内容的需要，选读或编说与教学活动密切相关的故事，以引起学生兴趣，激发学习动力。

四、感悟古诗的意境美

古人早有“和诗以歌”的传统，古诗词与音乐有着天然的紧密联系，几乎每一首诗里都可以发现音乐性的存在。现在许多古诗词被谱曲成歌，新编的诗词歌曲入耳又入心，逐渐在校园中传唱开来，如《静夜思》《明日歌》《苔》《春晓》等都成为校园流行歌曲和课间操的配乐。大多数古诗词都具有独特的意境，传唱有助于培养学生对诗词的意境理解。这些情境生动形象，可以清晰地呈现在学生的脑海中，使其对古诗词形成初步印象。借助古诗词这一优势引导学生发挥自己的想象力与创造力，让传统文化的种子在孩子们心中生根发芽。传唱古诗词，是让学生在最好的记忆时期以最便捷、最喜欢的方式感受到经典文化的魅力，提高了学生学习古诗词的积极性，使枯燥的古诗词学习变得轻松愉快！

综上所述，古诗是我们中华民族五千年灿烂文化的结晶，是我们的宝贵财富。一个没有文化传统的民族是可怜的，一个拥有文化传统却不知道珍惜的民族是可悲的。民族的，才是世界的。古诗词是我国文学中最美的体裁，古诗词的课堂教学也应该是语文教学中最美的课堂。让古诗词学习成为学生的快乐之旅，学生才能真正领悟到我国古代文化的精髓，从而增强民族的自豪感，筑牢文化自信。

翰墨丹青描绘人生“千里马”

操　红　潘　红

一、摘要

校园文化建设是以学生为主体，以课外文化活动为主要内容，以校园为主要空间，以校园精神为主要特征的一种群体文化。校园文化具有互动性、渗透性和传承性。

校园艺术活动可促进校园文化建设，石景山外语实验小学师生的座右铭是“做自己人生中的千里马”，每班都绘制了班级文化马。活动中每个学生从马字入手，认识马，了解马文化，进而在了解班级文化的基础上，用艺术的手法把班级文化融于“千里马”的设计中。共同绘制“千里马”艺术活动，与班级文化建设同行，与校园文化建设同行，在活动中得到老师与家长的帮助。在集体的艺术实践活动中，大家彼此之间相互合作，每人都发光发热，增强集体凝聚力和集体归宿感，创作的艺术作品不仅充满了童趣，让学生时刻沉浸在“美”的环境之中，还能愉悦学生的心灵，启迪学生的心智，陶冶学生的情操，提高了学生的审美能力。浓厚的艺术气息不仅能够使学生获得审美愉悦，每班的艺术作品“千里马”屹立在校园，也让校园充满了生机。

通过艺术活动引导学生从小确立奋斗目标，树立远大理想，从而达到“立德于活动里、树人于教育中”的校园文化建设目的，进而可以提升学校的文化品位。

二、背景

为了进一步推动彰显学校特色的校园文化建设，丰富学生的校园文化生活，增强学校的校园文化氛围，展示师生追求美、创造美的精神风貌，彰显学生个性发展与积极向上的精神面貌，更推动学校“全面健康发展、凸显人文素养，培养国际视野、彰显英语特长”的办学理念，我们狠抓了这项活动。

在石景山外语实验小学大家庭中，我们有一群热爱教育的好老师，有相亲相爱、鼎力支持的好家长，在老师家长的精心呵护下，在系列美育活动中，学生们感悟马身上所折射出的可贵精神，通过发扬龙马精神，通过不懈努力，成为最好的自己，成为一匹匹千里马，定会一马当先，马到成功！期望每个学生在属于自己的舞台上，洋溢灿烂的童真、活力！成为国之栋梁，民族的希望！

三、实施

（一）书法课《独体字——马》

1.指导思想与理论依据

中小学书法教育以书写实践为基本途径，加强技能训练，提高文化素养。在课堂教学中，设计有效教学，关注学生实际获得，切实提高课堂教学的实效性。本课教学设计充分体现立德树人的宗旨，学生作为学习的主人，在教师的引领下探索知识、获得知识，体验书法艺术学习的乐趣。

2.教学背景分析

本课的学习对象是六年级学生，他们表现欲强、思维活跃、想象丰富，并且有着较强的集体意识。在已有基础上开始进行间架结构的学习，这学期先从独体字的结构入手，逐步过渡到合体字的结构学习。对学校的吉祥物“马”

与办学理念——“做人生中的千里马”有一定的了解。作为毕业年级，提出“做自己人生中的千里马”这一座右铭，以鞭策鼓励学生不断进取、拼搏奋斗！

3. 基于以上分析，制定活动目标

知识与技能：了解学校吉祥物——千里马，学习“马”字的写法，学习使用书法艺术表现方式创作班级文化马。

能力目标：掌握“马齿法”的写法，从而掌握这类字的书写方法。

情感目标：开阔眼界，增长知识，陶冶情操，激发学生奋发向上、拼搏奋斗的情感与态度。

在教学过程中，老师采取创设情境与激趣导入的方式，先让学生观看两段视频——“万马奔腾，千军进发”和“马的历史与文化”。在交流中，学生们了解到马自古就是人类的好朋友，感悟到马的热情奔放、忠诚高贵，及其积极进取、自强不息的精神品格，进而理解马的自由进取的精神气质是中华民族的象征。

此时因势利导引出学校的吉祥物——马，并引导出师生的座右铭：做自己人生中的千里马。书写课题：马。

接下来出示“马字演变”的视频，使学生们直观地看到“马”字几千年的字体发展过程。激发学生书写的热情，引发学生的深入思考：如何写好“马”字。

然后通过观察对比师生分析书写的“马”字不同，充分利用白板演示功能等电教手段，以及互动环节的设计，编撰“马”字口诀等教学过程，逐步引导学生进行自主探究学习，以此培养学生的观察、分析、归纳、总结等能力。

最后进入尝试创作与创新阶段。在老师提出先后在田字格书写及写彩字“马”任务要求下，学生进入实践练习阶段。这时掀起本次活动的另一个高潮，当学生们将写的“马”字装饰在“千里马”上时，老师声情并茂地说：“马是我们外语实验小学的吉祥物，做自己人生中的千里马是我们每个人的座右铭，它已经陪伴我们六年的时间了，同学们马上就要毕业了，今天咱们共同装点的‘千里马’将作为你们留给外语实验小学母校的礼物，让它成为你们在外语实验永久的印记。最后老师借大家共同绘制的千里马预祝你们一马当先、一日千里、马到成功！”随着此环节的结束，本次教学活动画上了完整的句号，学生的奋进激情得到进一步点燃！

（二）绘画课《我心中的千里马》

1.教学理念与指导思想

美术课程标准要求“发展学生的感知能力和形象思维能力”，强调美术教学活动必须建立在学生的认知发展水平和已有的生活经验基础上。因此本课从认知入手，了解图形设计在生活中的应用。

2.根据校园文化制定美术活动的活动目标

（1）了解校级吉祥物——千里马，学习使用绘画方式设计班级文化马。

（2）根据班级文化，运用象征图案和颜色设计马的形象。

（3）开阔眼界，增长知识，陶冶情操，促进学生热爱班集体、团结积极、健康向上的情感与态度。

3.实施过程中的重点、难点

（1）重点：文化马的创作构思。

（2）难点：如何根据班级文化，构思转化为独特的美术元素设计文化马。

4.实施的过程与方法

设计班级文化马，不仅要了解马的精神的内涵，还要与班级文化融合，艺术表现内容丰富，含义深刻，为了让学生们顺利完成本活动，根据制定的目标及重难点，采用创设探究性的问题情景，结合演示分析法、指导归纳法，引导组织学生以欣赏吉祥物的形式了解吉祥物的基本特征和设计原则，并由班主任向同学们明确阐述班级文化马的内涵，学生们探讨如何在马的设计过程中，结合设计元素并融合班级文化内涵，设计出自己喜爱的文化马方式进行教学活动。整个教学过程在老师引导下，学生积极主动地参与实践活动，围绕中心问题各抒己见，相互交流、探讨，从而激发他们的设计创作灵感，全面提高学生的美术核心素养，培养创新精神。

5.具体教学过程

（1）环节一：了解马文化。

教学过程以“马文化”视频短片开篇，引发学生兴趣。设问：自古以来中国人爱马，文人写马，画家画马，雕塑家塑马……很多人都以马为题材进行创作，你们知道为什么吗？学生根据自有的认知相互交流，中华民族认为马象征吉祥，是民族精神的代表，一马当先、龙马精神、马到成功、马不停蹄……都体现马的精神，象征着超越、奋进。在交流的过程中，对马文化形成共识。

（2）环节二：了解高年级班级文化马设计理念。

出示校园吉祥物：马。提问：“学校选择马为吉祥物，你们知道为什么吗?”学生非常兴奋，回答：“希望每一名同学做人生中的千里马。”学校除了有吉祥物马之外，高年级已经绘制班级形象马，从马的身上我们能看出他们是怎么一个班集体吗？随着问题的抛出，引发他们深入思考。要知道这些马矗立在校园的绿地上，虽然学生们每天都从它们身边路过，但是他们对各个班级马身上装饰的花纹并未能很理解，这点正是学生接下来绘制班级文化的重点与难点。引导学生从观察马身上的图案和颜色入手，再分析这些图案和颜色各自传达了什么样的信息。再对照班牌介绍，得出结论：班级文化马体现出了班风班貌，从而深入理解设计意图。

（3）结合班级文化设计班级文化马。

出示一匹没有经过绘制的班级文化马，学生们已经跃跃欲试，此时请班主任郑重地宣读班级文化精神，明确我们在班级文化马上要体现出团结、向上、拼搏、友爱……那抽象的词语怎么用图形符号来表现呢？学生们的灵感相互碰撞：阳光、花朵、星星、学生……由具象的图形再引申到抽象符号，老师黑板上的演示，直观地给予学生视觉刺激，图画更具装饰性。继而引导学生感悟绘画的另一语言——积极、阳光、向上的色彩。

老师演示图案与色彩拼摆组合复合片，学生清晰、直观地观察到图案和颜色被巧妙、合理地安排在马身上，不仅把班级文化要素展现出来，更体现出丰富的艺术效果。

（4）学生艺术实践，张扬个性。

老师提出希望：希望每个人都能设计出一匹与众不同的马，你设计的有可能就会被班级形象马采用。学生们开始根据自己独特的想象为班级设计文化马。并且将设计作品张贴在展示墙上，大家一起欣赏。

（5）展评活动寄予希望。

在学生的设计稿中，感受到了班集体的团结与拼搏，老师及时肯定学生的美妙的创意、精巧的构思，班级文化马汇集班级全体同学的智慧，并且激励学生们成为学校最努力、最自信、最快乐的“千里马”，做最好的优秀集体！

（三）校园文化马绘制活动

1.活动前期准备

（1）各班明确班级文化，每人设计文化马。

（2）班主任老师带领学生明确本班发展目标，确定班级文化马主题，共同商讨设计方案。

（3）由设计小组执笔确定色彩，画出定稿。

2.活动过程

（1）起稿小组画出草稿线，色彩小组涂色完成，精修小组完成最后图画整理工作。

（2）学校举行“班级文化马”揭幕仪式。仪式上，由班级同学向全校师生介绍本班文化马的创意、蕴含的寓意，请全校师生参观本班“千里马”。

（3）将班级文化马及简介牌安放在校园内，成为学校文化景观。

3.全班留影

全班同学与班级文化马合影留念。

四、效果

（一）艺术形式多样，掌握创作方法

翰墨丹青绘就人生“千里马”校园艺术活动，以学校吉祥物“千里马”精神品质贯穿整个活动。将书法与美术跨学科整合，互相延伸，互相促进。书法课以分析“马”字演变，结合字的结构特点理解并书写具有精气神的“马”字。美术课上运用设计绘画方式，引导学生运用象征图案和颜色设计，结合班级文化内涵设计班级文化马。建立在学生的认知发展水平和已有的生活经验基础上了解图形设计在生活中的应用。

亲子共绘吉祥马，是在每位同学设计的“千里马”的基础上，综合班级发展目标，通过教师、学生、家长共同商议，确定图案、色彩，由教师、学生、家长代表共同完成班级“千里马”雕塑的装饰绘画任务。这匹代表班级发展目标的“千里马”会一直矗立在校园中，守护着孩子们的成长。

（二）传承学校文化，浸润学生心灵

在“做自己人生中的千里马”这一学生文化目标的引领下，开展各种艺术活动，引导学生认识自我，找寻到学习生活的奋斗目标以及人生的理想。

书法课使学生不但学会了“马”字的写法，更让学生领悟到“字如其人”，写字要舒展、大气，做人要勇敢、诚信，生活中的我们更要充满朝气，身姿挺拔。通过书法课的深入学习，孩子们不仅喜爱书法，更能用“千里马”的精神时刻激励自己。

美术课中的“千里马”更是我校学生热爱的形象，我们经常在班级学生的作品中见到马的形象。在第三届天文艺术节活动中，有一位小作者的作品中，她骑着自己独特的飞行器在太空中遨游，而这个飞行器就是校园吉祥物马，可

见马形象已植入孩子的心中，不断战胜自我的力量就如驰骋翱翔的翅膀，带着孩子在浩瀚的宇宙探索。

（三）立德于活动里，树人于教育中

立德树人是教育的根本任务。我们开展的艺术活动基于这个理念，围绕立德与审美相结合来设计，让系列艺术活动充分体现了立德树人的宗旨，促进校园文化建设，真正地让学生参与课堂和活动，学生们开阔眼界，增长知识，陶冶情操，激发学生热爱集体、团结积极、健康向上的情感与态度。鼓励学生“做自己人生中的千里马”，引导学生在学习生活中通过不断努力奋斗，做最好的自己，把立德树人融入文化知识教育中。

此项活动，不仅推动了学校特色校园文化建设，丰富了学生校园文化生活，增强了学校的校园文化氛围，更充分展示了师生追求美、创造美的精神风貌。“做自己人生中的千里马”旨在引导大家在学习生活中通过不断努力奋斗，做最好的自己。艺术教育形式让学生对这一目标“看得见、摸得着”，将概念转化成艺术品，让目标更能内化于孩子心灵，摒弃理论口号式的教育，让树人的行动有温度、有热度、有深度。这更体现了学校“全面健康发展、凸显人文素养，培养国际视野、彰显英语特长”的办学理念。

五、探讨

在活动中，老师们认识到还要更加深入地开展跨学科的知识体系整合，多元化、多维度地开展活动，促使学生的横向知识进行垂直深入，形成多元智能，形成多个学科的合力。并且与学校教育管理有机结合，让校园富有灵活性，形成多彩的校园文化，在美丽芬芳的校园中，快乐洒在外语实验小学每个学生的脸上，印刻在每个学生的童年记忆里！学生是努力的 、自信的、快乐的！

巧借信息技术，构建高效外语课堂

吕晶晶

《义务教育英语课程标准》(2011版)中指出:“基础教育阶段英语课程的任务是激发和培养学生学习英语的兴趣，使学生树立自信心；使学生形成一定的综合语言运用能力。教师要不断开发课程资源，拓展学用渠道。”由此可见，小学阶段的外语课堂要注重激趣和语用能力的培养，而这些在传统课堂中是很难实现的。信息技术的融入能够很好地改善固有的问题，它具有的多样性、趣味性、生动性、互动性等特点，能够更好地帮助教师构建丰富多彩的高效外语课堂，助力师生分别完成“教”和“学”的目标。

作为一名年轻的小学英语老师，笔者走进课堂未满一年。通过不断的学习、摸索、尝试，笔者深刻地感受到教育信息化的有效性和必要性。除了政策层面的标准与要求，笔者觉得将信息科技与语言课堂相融合是有现实意义的。根据小学生的生理心理特点分析，他们活泼好动、好奇心强、爱唱爱跳、善于模仿，但是注意力容易分散、认知水平较低，再加上缺乏外语语言环境，传统的“满堂灌”的教学模式限制了学生的主体地位，无法调动学生的学习积极性，而通过信息技术的有效融合，在为课堂增添趣味性的同时，学生也能受到鼓舞，学习效率显著提高。在此观念引领下，笔者在平时的课堂教学中侧重于构建信息化的高效课堂，并且也取得了一定的成效。在下文中，笔者将结合课堂实例进行具体分析。

一、运用信息技术创设真实情境，促进学生理解，突破教学重难点

在传统语言课堂上，教师通常以教材文本为依托，侧重于讲授单词和语法，忽视了语言情境的重要性，而脱离了真实的语言交际情境的课堂是乏味的、无用的。新课程标准改革中倡导创设情境教学法，即通过挖掘课本知识与生活实际之间的联系，进而在课堂教学过程中创设情境开展教学。信息技术下的多媒体技术能够为学生提供真实的情境，它能够提供资源丰富、生动形象的视频、音频、图画素材，带给学生更直观、真实的视听体验，帮助学生理解抽象的课本知识，助力老师进行课堂教学。

例如，笔者在讲授校本教材《剑桥国际儿童英语PLAYWAY4》第八单元Wild Animals（野生动物）时，教师并没有按照传统教学法的思路直接呈现动物有关的单词，然后一一教授，而是在课堂导入环节，利用幻灯片播放了一小段包含了各种动物叫声的视频片段，并且不让学生直接看视频，先让他们去仔细听，提问能听到多少种动物的叫声，在互相分享猜测之后再让他们观看视频。此时教师观察到所有的同学都能目不转睛地观看视频，一方面是在验证自己的猜想，另一方面则是被生动有趣的短片吸引，这种情况下学生学习的注意力和学习积极性都能得以提高。再比如，当笔者在教授校本教材中的一篇行动故事时，遇到了怎么让学生理解“New York”（纽约）这个单词的问题。由于孩子们都没有去过纽约，而且年龄很小，世界观和认知水平还不健全，所以直接的口头解释肯定不行，最终教师选择了借助多媒体技术，播放了一段纽约城的航拍视频，佐以背景音乐，希望让学生先感受这个世界大都市的高楼耸立和震撼人心，然后再通过口头提问和解释，让学生理解“New York”这个城市的巨大和人口众多，进而帮助学生体会故事中主人公独自身处纽约城的孤独寂寞。

二、运用信息技术拓宽英语学习途径，开阔学生视野，提升其外语综合能力

根据新课程标准改革的要求，小学英语学科的核心素养包括语言能力、思维品质、文化品格和学习能力四个方面。其中文化品格旨在学生要拓宽其全球化视野，提升自我人文修养，养成正确的世界观和文化观。如果教师固守三尺讲台，四方课堂，只注重语言知识的传授，那学生也可能只会咿呀学语，他们的英语学科素养则无法得到全面提升。借助现代科技的力量，教师可以为学生提供丰富的拓展活动，帮助学生感受真实的英语，为学生提供表达的舞台，鼓励其多说多练，增加语言实践的机会。

英语原声电影作为一种包含丰富语言和文化信息的载体，能够跨越时间和空间的限制为观者提供丰富的感官体验。笔者认为，英文动画电影不仅具有娱乐性，还兼具人文性、思辨性，能够作为常规教学之外的拓展学习资源，因此笔者精选了符合学生认知水平的电影动画进行授课，并且设计多样的活动来辅助教学。例如，在教授非洲野生动物这个单元的时候，电影课的内容则是该主题有关的英文动画《马达加斯加》。笔者将这部电影分为几个片段，每个课时呈现一个片段，在每节课中，学生需要回答几个主要问题，并且完成老师布置的学习任务单。除了进行常规的语言知识点的讲解和练习，笔者还鼓励学生模仿人物的台词，并且组织配音比赛活动，甚至是进行难度更高的分组表演，创编不同的结局等。通过学生课后反馈和教师课上观察，大多数孩子课堂参与度和积极性都很高，平时安静寡言的孩子也都积极进行小组合作、参加表演活动。

三、运用信息技术开展游戏教学，助力英语练习和复习，激发学生学习热情

定期进行复习和练习对于巩固所学知识和查漏补缺是十分有效的，但是，

如果只采用传统的纸质测试和听写等形式，会让学生产生紧张感和厌学心理。游戏是每一个孩子都喜欢的，将游戏融入枯燥的单词复习和练习中也是孩子们喜闻乐见的，而信息技术的运用能够让游戏活动更加丰富多彩、生动有趣，从而增强游戏化教学的效果。比如在每单元新词教授结束后，在复习阶段，笔者会提前从网络上精选出单词复习小游戏课件，通过重置单词内容，让孩子们通过小组比赛的形式参与游戏，每一组将采取接龙的方式回答课件中的问题且每一个孩子都需要参与，哪一组最先完成游戏任务则获胜，获胜的队伍将能获得奖励。通过课堂观察，这种游戏比拼的活动机制效果显著，一方面能有效强化巩固学生所学知识点，方便教师全面了解学生们的掌握情况；另一方面能寓教于乐，化枯燥烦闷的复习为有趣刺激的竞赛，使孩子们在小组合作中交流感情，感受合作的快乐，也能获得满足感和成就感。

虽然信息技术在英语教学中的应用有着巨大的效力，但通过课堂反思和观察，笔者也发现了小学英语信息化教学中可能存在的两大问题。第一，包含繁杂视听资源的课件容易让学生更多地关注娱乐性的图片和视频信息，而忽视更重要的教学内容。因此教师需要在网络上精选教学内容，考虑教学实际，合理设计教学活动，不可采取“拿来主义”或者照葫芦画瓢进行课件复制，而是需要批判性地进行筛选，审慎思考，从而促成高效英语课堂的达成。第二，教师容易过度相信信息技术的效力，实际上课堂的主体是学生，有效课堂的组织者和促成者依然是老师。信息技术固然具有巨大的力量，但是不能满堂课充斥着太多视听内容，这些只是辅助性的，重要的是老师需要对相应的知识点进行及时解读，帮助学生在轻松快乐的氛围中理解重点、难点知识。

总之，信息技术和小学英语课堂的有机整合符合当今的时代潮流和新课改的政策要求，信息化课堂是英语教学发展改革的必然趋势。作为一名青年英语教师，笔者充分认识到其重要性，并且明确其利弊，需要结合实际学情，不断学习，灵活合理运用相关科学技术，提质增效英语课堂，促成学生外语语言能力的全面发展。

浅谈如何培养学生的问题意识

历文有

陶行知先生曾说:“发明千千万，起点是一问。”心理学研究表明，思维永远是由问题开始的，而创造潜能往往就在排疑解难的过程中被激发出来。学生心中的问题是学生听讲的动力，有价值的问题更是学生创造思维的首要条件。让学生敢问、会问、善问，是培养学生学会探究的必经之路。因此，在教学中教会学生敢问、会问、善问，是每一位数学教师应该思考的重要问题。

一、创设心理安全环境，让学生敢问

由中国青少年研究中心、北京师范大学教育系、北京出版社等专家组成的我国“中小学生学习与发展”课题组的最新研究发现，从小学到高中，学生在课堂上主动回答问题的积极性越来越低。调查结果显示，在课堂上遇到问题当场主动提问的学生中，小学生占13.8%，初中生占5.7%，高中生占2.9%。专家分析认为，学生在课堂上不愿意提问题，主要是学生的提问表达受到各种限制，比如年龄、语言表达、虚荣心、同学的奚落等，于是因怕给自己惹麻烦而不提问题的学生越来越多。因此，要让学生敢问，首先要清除学生的心理障碍，为学生的“问”营造良好氛围。

(一) 创设宽松环境，教师要善待学生的问题

罗杰斯认为，一个人的创造力只有在他感觉到“心理安全”和“心理自由”

的条件下，才能获得最优表现和发展。教师应为学生创设一个宽松和谐的教学环境，引导学生敢于大胆思考，敢想、敢说、敢问。对大胆提问的学生，不论问题的质量如何都要给予鼓励。比如，在认识“米”这一课时，有一个学生问：“为什么用‘米’做长度单位?”我鼓励他说：“这只是一种人为规定，你长大后成了数学权威人士也可以重新规定它。”对提错问题的学生，教师也绝不批评，启发他用另一种方法思考，树立自信心。要善待学生提出的一切问题。富有思考性的问题，可根据情况因势利导，用小组讨论的形式加以解决；超过学生现有知识范围或教师一时难以回答的问题，要给学生讲明原因，提供解决问题可用的资源；简单的问题可以引导学生看书，自行解决。这样，学生就没有精神束缚和心理负担，上课自然会积极举手、踊跃发言。

（二）充分利用小组合作学习的形式

小组合作学习更利于营造生生互动的交流氛围，尤其是一些怕出丑、不好意思发问的学生，在小组交流时，思维显得十分活跃。他们认为和同学在一起，可以无所顾忌地提出自己的观点。一次，在学习分数解决问题时，同学们三五成群地在一起讨论解决问题的办法。绝大多数同学都在用画线段图的方法进行，这时有一个性格内向、沉默寡言的学生提出：“我想用画圆圈的方法来分析!”意见一提出，同组的同学都很感兴趣，在他们的共同努力下，用若干个圆圈清晰地表示出了题中的数量关系，全班同学齐声称赞。我马上抓住时机对他给予充分的肯定和表扬。课下，我问他：“你是怎样想到这种办法的?”他笑了笑说：“我怎样想的就怎样说的，反正也没人笑话我。”可见，同学们之间的交流有多么重要!

二、强化学生主体地位，让学生会问

现代教学重视学生主体作用，注意学生智力、能力、创造力的培养，并以学生主体性发展作为课堂教学的终极目标。陶行知先生说，如果你按着鸡脖子喂米给它吃，它乱叫乱挣扎也不会吃；如果你松开鸡，进行引诱，它就会自己主动来吃米。喂鸡如此，课堂教学更应强调以学生为主体，学生主体意识越强，他们参与自我发展、在学习活动中实现自己的本质力量自觉性就越大，从而也就能在课堂教学中充分发挥自身的能动力量，不断调整、改造自身的知识结构、心理状态和行为方式。

（一）精心设计问题情景

心理学告诉我们：小学生在学习过程中，通常无意识注意力占主导。在教学中，教师应根据学生实际和教学目标，有意识地创设问题情景，激发学生学习动机，启发学生自己提出问题，在质疑问难中发展学生的创造性思维。如“三步解决问题”的教学，可采用如下方法：首先出示修路工人修路的场景，接着出示：两个修路队共同修一条路，3天修完。第一队修了120米，第二队修了102米。这时，电脑中发出悦耳的声音：“同学们，根据这些条件，你能提出一个问题吗?”在实际教学中，有的学生提出：“第一队比第二队多修多少米?”有的学生提出：“第一队平均每天修多少米?”有的学生提出：“第二队平均每天修多少米?”更有深入思考者，直接提出了例题中的问题：“平均每天第一队比第二队多修多少米?”通过提问，不仅展示了学生思维的层次性，学生在教学交流过程中学习到切实可行的提问方法，而且由于问题来自学生，学生的兴趣极浓厚，他们就会积极主动投入后面的探索学习中。

课堂教学是师生双方不断发现问题、解决问题的反复循环过程，问题情境的创设，除了体现在课堂教学的开始，还应贯穿于课堂教学的全过程，这样才会促使学生始终保持高昂的学习情绪，将学习动机自觉内化为个性行为，积极主动地探索新知识。

（二）培养学生质疑能力

“学起于思，思源于疑。”质疑是思维的导火索，是学生学习的内驱力，是探索和创新的源头。加强学生质疑能力的培养，有极其重要的意义。正像教育家顾明远所说：“不会提问题的学生不是学习好的学生。”因此，在教学中，要花大力气引导学生寻疑、质疑、释疑，培养学生的质疑能力。在解决问题教学中，学生要养成“问”的习惯：其一，这道题讲了一件什么事？其二，这道题有几个已知条件，几个问题？其三，各个已知条件之间、已知条件和问题之间有什么联系？教学中，要渗透质疑方法的指导，鼓励学生自由地进行逆向思维、求异思维、发散思维，大胆怀疑、大胆想象、大胆创新，并能对某些带有共性的看法或结论质疑，得出自己的结论。

三、改变学生学习方式，让学生善问

爱因斯坦曾经说过：“提出一个问题往往比解决一个问题更重要。”虽然人有好问的天性，但主动积极的问题意识、善于提问的能力和挑战权威的精神仍然要靠后天培养。由于学生的学习生活经验都不足，仅靠胆量和兴趣还发现不了实质性的问题，不容易提出切中知识关键的问题。因此，教师必须充分发挥主导作用，积极倡导自主、探究、合作的学习方式，把学习知识的过程变成主动发现问题的过程，并在发现过程中培养解决问题的能力。

（一）让学生在尝试中发现问题

现代认知结构理论认为，学习不是教师向学生传递知识，而是学生自己建构知识的过程。该过程是学习者通过新旧知识、经验之间的相互作用而实现的。它强调以学生为中心，强调学生对知识的尝试发现和对所学知识意义的主动建构。例如，在讲“两步解决问题”时，我设计了这样一个问题：小明和小刚比赛跳绳。小明3分钟跳540下，______________，小刚每分钟跳多少下？（先补充一个条件，然后再解答。）同学们的兴趣非常高，补充的条件有：

小刚3分钟跳450下；

小刚每分钟比小明多跳5下；

小刚每分钟比小明少跳5下；

小刚每分钟跳的比小明3分钟跳的还多5下；

小刚3分钟跳的比小明每分钟跳的还少5下；

小刚5分钟跳的和小明3分钟跳的一样多；

小刚3分钟跳的是小明3分钟跳的2倍；

小刚每分钟跳的是小明每分钟跳的2倍；

小明3分钟跳的是小刚3分钟跳的2倍；

小明每分钟跳的是小刚每分钟跳的2倍。

学生们补充的这10个条件组成的新问题，有的一步可以解决，有的需要分两步来解决，有的分三步才能解决，不仅联系了新旧知识，而且兼顾了学生的个体差异。

（二）让学生在练习中创造问题

练习是巩固所学知识，形成技能、发展学生智力的重要手段。通常是由教师设计，学生完成的。但若能让学生依据所学内容，自己设计相应练习，则会更贴近学生实际。这有利于激发学生的探索欲望，培养学生的参与意识。

在课堂教学中培养学生编题的能力，首先教师必须予以时间上的保证。其次教师必须提出一定的限制。最后，教师应鼓励学生联系自身生活实际设计问题。

学生自编习题，不仅是练习方式上的一种变革，也是思想上的一次彻底转变。在创编过程中，学生要充分发挥想象力，调动生活经验，运用已有知识，这是创造性思维在实践中的最直接应用。在此基础上，教师再组织学生互相交流、互相评价，学生的发散思维能力、编题能力就会有显著提高。

孔子说："疑是思之始，学之端。"问题既是思维的起点，又是思维的动力。宋代学者陆九渊说："为学患无疑，疑则有进，小疑小进，大疑大进。"学生从敢问到会问再到善问是一个长期、渐进的过程。在此过程中，教师要树立正确的学生观、教学观和质量观，为学生主动学习、主动探究和自主发展创造条件，才能促进学生养成问题意识，增强学生对数学的兴趣，培养学生的创新精神、创造能力，使学生的主动性得到充分发挥，使学生真正成为课堂学习的主人，体会到数学无穷的奥妙。

动画素材点燃学生心灵的兴趣之火

刘增光

教育家布鲁纳说过:“学习的最好刺激乃是对所学材料的兴趣,要想使学生上好课,就得千方百计点燃学生心灵的兴趣之火。”可见,激发学生的兴趣在求知过程中具有非常重要的地位。对于小学生来说,学习兴趣是学习的动力,浓厚的学习兴趣可以更好地激起学生的学习欲望。同样,在选择教学素材时如果能选择学生较感兴趣的素材,那么自然而然地就会激起学生学习信息技术的兴趣。孩子对动画的喜欢似乎是天生的,大家可以看见一个平常很难安静下来的小孩能够全神贯注地连着看上几个小时的动画,甚至有点“废寝忘食”的味道。那么,选择动画素材自然而然地就会激起学生学习信息技术的兴趣,使信息技术的学习在趣味中进行,让信息技术课堂“活”起来。

一、激发兴趣,营造氛围

兴趣是人探索、认识客观世界,渴望获得科学知识和不断追求真理,并带有强烈色彩的意向活动。动画素材为激发学生学习兴趣提供了得天独厚的条件。它以其直观形象、生动灵活的特点,以其丰富的表现力和强大的交互性,深深地吸引着学生,极大地激发他们的兴趣,激活他们的思维。在教学过程中,教师要善于运用多媒体创设具体生动的情景,营造轻松自由的氛围。只有激起学生的兴趣,使学生对学习产生积极的情感体验,才有可能培养出我们所期待的各种能力。

动画是一门幻想艺术，更容易直观表现和抒发人们的感情，可以把现实不可能看到的转为现实，扩展了人类的想象力和创造力。鲜活生动的动画通常会深深地烙印在孩子的脑海中，并且在很长一段时间里成为孩子的模仿对象。看动画使孩子获得想象的快乐、自由的快乐及幽默的快乐，是孩子们放松自己的一种有效方式。现在的小学生同样背负着来自家庭与学校的压力，而看动画无疑成了一种精神上的放松。

如国产原创系列电视动画片《喜羊羊与灰太狼》，由广东原创动力文化传播有限公司出品。自2005年6月推出后，陆续在全国近50家电视台热播，在北京、上海、杭州、南京、广州、福州等城市,《喜羊羊与灰太狼》最高收视率达17.3%，大大超过了同时段播出的境外动画片。《喜羊羊与灰太狼》以羊和狼两大族群间妙趣横生的争斗为主线，剧情的风格轻松诙谐，情节爆笑，对白幽默，还巧妙地融入社会中的新鲜名词。这部长篇动画以“童趣但不幼稚，启智却不教条”的鲜明特色，赢得众多儿童的青睐，在国内各项动画比赛中更是屡获殊荣。我以画图为切入点，通过《喜羊羊与灰太狼》的素材把技术知识合理地整合，开展教学活动，效果非常好，学生的积极性非常高，从而加深了对信息处理的理解。

二、多种感官，参与学习

传统教育模式下的教学局限于书本和教师的口头传授，而信息技术课程仅凭教材上的几张图片根本无法满足学生的求知欲。现代教育技术采用多种手段进行教学，将抽象的内容具体化、形象化。而在教学过程中，只有恰当地运用不同的素材，把包含不同教学功能的各种媒体、演示有机地结合起来，综合协调刺激学生的感官，才能整体优化教学过程，收到良好的教学效果。如在画图《作品着色添神韵》这一节课中，原来书本上提供的素材是让学生把五角星涂上美丽的颜色，要在简单操作中保持学生的兴趣，这一点很难做到，有的同学很快就完成了任务，导致很多同学觉得太没有意思了。所以，我对教学素材进行了调整，把五角星改成了学生们较喜欢的动画素材“喜羊羊与灰太狼”，给它们涂上美丽的颜色。当学生们看到一幅幅精美的图画时，都想亲自尝试一下，整堂课的气氛很热烈。这样的素材，不仅能激活学生热情，让学生在愉悦的情感中进行探究和学习，还能进一步培养学生学习信息技术的兴趣。通过动画素材把技术知识点合理整合开展教学活动，大大激发了学生的积极性，从而加深了对信息处理的理解。

三、结合特性，突破难点

动画作为一种通俗的大众综合文化，随着时代的发展走入了我们的生活。动画是一种构图唯美、内容与形象夸张、具有强烈幽默感的绘画，人们常把动画纳入流行视觉艺术之中。动画综合了多种艺术形式，融合了绘画、文学及电影艺术的特点，而且科技在进步，图像信息以声、光、电为媒介广泛传播。众所周知，图像比文字更为一目了然，随着动画片的播放、漫画书籍的租售、各类动画活动的举行，生活中节、会、商品的吉祥物设计、服装上的图案、发饰、礼品小挂件的层出不穷，使动画文化以不可抗拒的魅力扩展到社会每个角落，成为“读图时代”的标志，并成为现代社会中一种不可忽视的世界性的文化现象。

小学阶段信息技术分别要学习以下软件：画图、文字处理、文字演示等。为了实现动画教学，提高学生学习的兴趣和主动学习的积极性，我计划在每款软件的教学中都要设计相同或者一系列的动画任务驱动。例如，三年级学习画图软件以动画入手，学生比较容易掌握技巧也能绘制出富有童趣的作品。四年级学习文字处理软件，学生要面对图片还要处理文字、输入文字，制作表格排版。为了调动学生的学习积极性，提高他们对文字的排版、审美和布局，我在教学中引入学生感兴趣的动画，同时请同学们发挥想象为它们写历险记或者奇遇记，编成故事，然后通过电子小报形式展示成果。这样既解决了文字输入积极性的问题，也解决了学生盲目排版、主题风格不统一的概念问题，达到事半功倍的效果。

又如在画图《幕后英雄剪贴板》这一节课中我提供给学生许多“喜羊羊与灰太狼”的动画素材，让学生制作连环画。利用自制的漫画激发学生学习的兴趣。通过网络教室播放功能展示作品、激发学生的创新意识，最后再让学生用自己制作的连环画为大家讲故事。通过动画素材把技术知识点合理整合开展教学活动，学生积极性非常高，从而加深对信息处理的理解。在课堂教学中只有结合以上特点，将现代教育技术运用于其中，才能有效地达成教学目标，突破教学难点。通过画图学习有效地借助了动画素材，能促进信息技术课堂的教学，学生能借助动画提高自己的操作技能，同时也激发了学生学习的积极性和审美意识，并且使信息技术教学更加系统化。

信息技术教师是信息技术课堂教学过程中的基本保证。现代教育技术条件下的教师除了教育素质、道德素质、综合业务素质、健康的身心素质等必备素质以外，还应具备更高的素质，那就是：树立终身教育观和智能教学观；具备良好的信息意识、信息能力和信息素质；具有运用信息技术手段创造性地组织教学活动的能力；适应教学模式和师生关系的变化，能扮演新的角色。

作为一名信息技术教师，我们要善于捕捉信息，挖掘资源，让知识真正成为学生充满快乐、激情、幻想与生命活力的源泉。信息技术课堂教学在让学生掌握信息技术技能的同时，也要受到思想熏陶，因此我们在选择教学素材时还应考虑到这一点，帮助学生形成正确的价值观、人生观。只要我们合理利用好课堂教学素材，便能为学生创造出多元化的学习环境，让学生学得充分、学得快乐。让我们用动画素材点燃学生心灵的兴趣之火吧！

依托优质资源　开发德育课程

芦震红

一个博物馆就是一所大学校，历史和未来在这里相逢。博物馆是中华文明灿烂成就的集中展示，是坚定文化自信的重要源泉，更是学校教育、学生学习的重要途径。

2020年随着石景山区文化中心的竣工与对外开放，石景山区博物馆开启了筹备开馆的工作。这是我们石景山区第一家以展示石景山区历史文化发展变迁为主题的博物馆，馆址距离石景山外语实验小学直线距离仅300余米。抓住这一优势，如何更好地依托校园周边优质的社会资源，深挖区域文化，开发德育校本课程，激发学生爱党爱国爱家乡的情感，落实立德树人根本任务，引发了我的深入思考。

基于学校与学生的实际情况，在刘世彬校长与石景山区文化中心领导的大力支持下，通过多次沟通协商，我确定了“馆校联动 合作共育 开发实施德育校本课程”的整体思路。由此，伴随博物馆的筹备，学校同期开启了《我爱石景山》德育校本课程的开发与实施之旅。

一、课程开发

（一）课程定位

首先，我对课程开发背景和现状进行了分析，精准课程定位。

1.优势方面

（1）具有石景山区博物馆优质的学习研究资源。

石景山区博物馆是我们身边的家乡博物馆，馆藏丰富，它的开馆为我们提供了最亲切且优质的学习研究资源及课程实施场所。

（2）拥有多年系统开发实施博物馆课程开发经验。

我校自主开发与实施的《我爱博物馆》系列校本课程已经在校内坚持推进多年，形成了完整系统的开发、撰写和实施体系，学校教师拥有丰富的博物馆课程开发及实施经验。

（3）累积丰富的校园文化学生讲解员培训经验。

学校一直秉承着“让教育更生动”的理念，学生不仅仅是校园文化理念的学习者，更是讲述者和宣传者。多年来学校滚动培养学生校园文化讲解员队伍，积累了组建队伍、有效训练的方法。

2.不足之处

（1）教师历史积淀与区域文化知识不足，对于特定历史文物讲解稿的撰写水平有限。

老师们热爱历史，热爱博物馆，但是对于某些历史时代人物与文物的了解、研究水平有限，一定程度上限制了老师们撰写稿件的能力与水平。

（2）博物馆讲解员的专业化的培训经验不足。

博物馆讲解员不同于校园文化讲解员，在专业讲解员的讲解技巧与能力等方面的培训经验不足。

（3）课程开发资金有限。

教师专业化培训、学生多维度辅导、课程的开发及材料印制等都需要专项资金的支持。

面对以上的优势与不足，在学校领导、教育集团与区文化中心的支持下，划拨博物馆专项资金，支持我们进行新课程的研发与实施。邀请相关文史与博物馆专家，在专业上给予我们大力支持与指导。在大家的帮助下，我们补齐短板，加速了课程的开发与实施。

3.课程定位

基于以上的分析，我校将“我爱石景山”德育校本课程定位于：面向三、四年级学生，开展博物馆小讲解员队伍建设，引领学生学习区域人文历史、传承红色基因，培养家乡文化的宣传小使者，提升学生的思想道德认识和综合素养。

（二）课程内容

石景山区博物馆的馆藏有1.5万余件。在众多的文物中选哪件，从哪个角度讲，是我们面临的第一个挑战。经过多次的学习与研究，我们从学生的视角出发，选取18个具有典型性的讲解点位。

“我爱石景山”德育校本课程讲解点位

序号	内容	序号	内容
1	博山炉	10	金赵励壁画墓
2	大禹治水	11	青龙纹礼服
3	石阙	12	庞村铁牛
4	弩机	13	李授墓志铭
5	五子登科	14	模式口实景
6	骨尺	15	骆驼祥子
7	八角魏晋壁画	16	法海寺
8	拣公石函	17	红光山战役
9	八大处	18	双奥之区

例如，和语文学科紧密结合的大禹治水；《三字经》中耳熟能详的“五子登科”就发生在鲁谷村；充满科学知识的庞村铁牛；爱国主义教育的红光山战役；培养小主人翁意识、激发爱家乡之情的“双奥之区”；等等。

在撰写讲稿过程中，我们以馆内文物介绍为基础，拓宽视野，查阅文物的相关史料、知识、名人趣事，从中找到学生的兴趣点和契合点。比如对于镇馆之宝——石景山区出土的绣有龙纹的服饰，是应该称为“清龙纹礼服”还是“龙袍”？在“秦君石阙”上雕刻的字体是大篆还是小篆？多方查证，仔细推敲。

二、课程实施

在课程实施中，我们主要经历课程启动、自主申报、集中培训、实地训练、考核评价等阶段。

（一）课程启动

我们分批次召开了课程启动会，将课程设置的目的、意义、内容、职责及培训考评环节向同学们进行了介绍，强调了志愿、责任、提升等关键词，多方位调动学生积极性。

（二）自主申报

课程定位于学生的成长，而不是精英的训练。因此，我们采用面向全体学生、尊重个体、自主申报的形式展开。孩子们在与家长的沟通中确认自己感兴趣的讲解内容，主动申报，积极参与，开启了课程的学习与成长之旅。

（三）集中培训

在学生培训阶段分成三步纵向深入。

1.通识培训

邀请“耳朵里的博物馆”走进学校开展“中国通史启蒙”主题系列讲座，提升学生对于历史的认识，激发参与热情。

2.专题培训

面向申报博物馆小讲解员的学生，从认识石景山区博物馆馆藏的人文历史和讲解技能两方面有针对性地进行训练。

3.个性辅导

结合学生需求，我们还采取了个性辅导的形式，带领学生突破讲解难题，不断完善与提升。

（四）实地训练

在博物馆未开放的情况下，我们进行了第一次无人实地训练。帮助孩子熟悉展品的摆放，确定讲解站位，结合展品进行讲解，调整动作，感受博物馆讲解的魅力。

之后，让孩子真正地给同学们去讲解，加强学生对于真实讲解中讲述的认识，提升交互性。更在同学们的鼓励中，激发学生的热情，提升学生的自信心。

（五）考核评价

在课程实施推进过程中，根据学生的年龄和心理特点结合激励性评价，从自评、他评两个维度，利用生生、师生等评价形式进行考核，树立榜样，激发学生的参与热情和自我成长需求。

三、课程效果

2021年5月31日，学校的《印象石景山》综合实践活动展开，第一批次小小讲解员迎来了终极考核。他们初露锋芒，通过抽选点位展示，集体考评，获得了与会领导、专家的一致好评，最终通过考核，佩戴上“石景山家乡小使者”的荣誉绶带。

孩子们兴奋不已，纷纷写下了自己对课程的喜爱，个人能力的提升更道出了对家乡石景山区的热爱。他们写道：“通过小小讲解员的培训，我知道了文物的故事，各个都很有趣”；“这次讲解加强了我的沟通和语言表达能力”；

“我感觉与石景山亲近了许多，也感觉到石景山的伟大”；“我希望我能把更多石景山的知识讲给大家听，让大家更加了解美丽的石景山”；“我很高兴能为文物代言，也希望能让更多人知道家乡的历史，解答大家心中关于家乡的问题”。

孩子们朴实的话语间饱含着浓浓的爱乡之情，充分展示出了德育校本课程的价值所在，这正是我们追求的教育目标呀！

四、课程延伸

根据目前课程开发与实施的情况，我们将从以下三个方面进行持续研究。

第一，继续深入研究，不断建设完善本课程，形成体系，持续开展。

第二，撰写“我爱石景山”德育校本课程学生活动手册。

第三，引入家长协同机制，形成以博物馆课程为主体，家校社三方协同共育的局面。

通过德育课程的实施，我校深挖社会优质资源，在兄弟单位的鼎力相助下，强强联手，产生了“1+1 > 2”的教育效果。今后我们将继续深化合作优势，用教育智慧引领学生一起感知历史、展望未来，不断建设与完善德育校本课程，培养出更多更优秀的家乡文化小使者！

我的教育策略——数学教学之我见

倪　娜

一、教数学之我爱

作为一名普通的数学教师，转眼间已经工作23个春秋了。回首这23年平淡的教学生涯，赋予我的是宝贵的课堂教学经验。从事数学教学一直是我的一大乐趣，我觉得数学教学是一项非常有趣而有研究意义的工作。在数学课上，有思维比拼，也有对错辩论；有积极的合作，也有巅峰的对决。看着我的学生在我的教育下一点点成功、一点点长大，我感到无比快乐、无比幸福。如今的教学和我们儿时接受的教学方式真的是千差万别，我们机械的模仿和固定的思维已经不能被这些小精灵们接受和满足，他们个个使出浑身解数，展示自己的个性思维和奇妙方法，像是在演绎精彩而又真实的数学童话故事。不知不觉，挑战成了孩子们喜欢的学习方式，甚至是挑战我。他们已经开始要求我坐到他们中间去听发言的学生讲课。在学生这种研究劲头的鼓舞下，我怎么可能不被感染，也想好好研究一下这门课的教学，乐在其中，相识恨晚。

二、教数学之我见

数学的魅力无处不在，我们不能视而不见。教师要根据教材内容，不断充实和挖掘数学中新奇有趣的事实和现象，让学生觉得数学真奇妙、数学有意思，从而对数学学习产生浓厚的兴趣。

数学学科作为开发人脑资源、培养创造力的主力学科，对课堂氛围和学生集中精力进入角色的速度要求相当高。数学课的导入能以最少的话语、最少的时间使学生进入数学王国，既能承上启下又能温故知新，既能激起学生的学习欲望又能联系以前知识，为进入学习高潮做准备。因此，在教学过程中教师应注重培养好学生的非智力因素。以下是我的两点见解。

（一）巧用悬念导入，激发学习兴趣

数学教学要紧密联系学生的生活实际，从学生的生活经验和已有知识出发，创设各种有效情境，为学生提供学习数学活动的机会，激发学生对数学学习的兴趣以及学好数学的愿望。尤其是对于小学生来说，直观的、具体的、形象的方式更能吸引他们，因此我们在课堂教学中要自始至终创设各种方式的情境，以此来吸引学生的学习兴趣，使他们更好地参与数学学习。

（二）培养师生情感，使其亲师信道

“亲其师，信其道。”要使学生亲师信道，必须改变过去“一言堂”的课堂环境，充分发挥学生潜能，使学生不再受束缚，使教学向民主化、人性化方面发展，允许学生有想法，鼓励学生说出自己的想法。在课堂上，要把问题交还给学生，激励学生在互动中解决问题。教学中能让学生自己说出自己归纳的知识内容，教师绝对不说；能让学生做的，教师绝对不包办；能让学生自己发现找出答案的，教师绝不再作指导。只有在不规范、不准确的地方，教师才可以作补充说明，绝不允许教师将自己的结论强加给学生。这样，师生间的距离近了，感情加深了。而积极的情感能提高学生的心理和生理的活动能量，从而提高思维和学习潜能。学生听课也伴随一定的情感，真正做到亲其师，信其道。

当然，新课的讲授方式还有很多，但最终目的都要围绕一个目标，那就是为学生学习新知创造一个愉悦、和谐的教学氛围，激发学生学习的兴趣，唤起学生学习的自觉性和创造性，让学生愿学、善学、乐学。因为小学数学教育除了让学生获得一定的数学知识外，还担负着发展学生智力、培养学生良好习惯、提高学生的能力、让学生获得成功体验、享受人类文明成果等重要使命。

三、教数学之我思

（一）培养学生的数学思考能力，发展学生的智力

数学的主要特点是论证严密、逻辑推理性强。数学更有其特有的思维方式，被大家广泛认同的数学思考能力的培养是小学数学教育的重要功能之一。通过数学思考能力的培养达到发展学生智力的目的，数学学习要让学生变得越来越聪明。这就要求数学教师要具有较高的课堂教学驾驭能力，随时根据教学情况调控自己的教学策略，在教学中要精心设计好每一个问题。提问是一门艺术。提问要有深度和广度，要具有较强的思考性，切忌自问自答、对学生思考没有耐心或者只与少数学生一问一答，而忽视让大多数学生参与数学学习过程。提问要能起到“一石激起千层浪”的作用，引发大多数学生的思考和争论，让学生在思维碰撞中共享智慧和真理。

（二）注重让学生进行自我反思，提高数学学习效率

学生数学学习的过程应是一个不断总结和反思的过程，只有经过学生自己对知识的内化和吸收才能使学生形成良好的认知结构，数学知识才能形成系统。要帮助学生把新知识不断地纳入自己的认知结构，让它成为后续学习的助推器。每节课教师都要组织学生进行课堂小结，如今天的数学课上你有什么收获？你还有什么问题？让学生学会自我反思数学学习，从而达到加深理解数学知识，为后续学习提供帮助的目的。每一单元学习结束后，让学生自己对本单

元数学知识进行梳理等。只要长期地坚持去做，一定会对学生数学学习很有帮助，这也是学好数学的有效途径，会使教师教得轻松，学生学得轻松。

（三）着眼学生的终身发展，训练学生良好的学习习惯

让学生通过数学学习养成良好的学习习惯是数学教育的又一重要功能。数学学科有其自身固有的特点，这些特点是培养学生良好习惯的重要载体。我们要培养学生静静地思考、静静地阅读的良好习惯，要做到全神贯注、聚精会神、专心致志，只有这样才能学好数学。我们还要让学生认真倾听别人发言，赞同时要点头示意，有不同意见要等别人说完再发表自己的意见，要学会点评别人发言内容中的优缺点。我们要通过让学生完成数学作业这一过程，培养学生的责任心：认真做好每一题后要再仔细检查和验算，要让自己会做的题都做对；如果遇到不会做的题，要通过看书和向别人请教想办法克服困难做出来；完成作业后要及时整理和收拾好学习用品，做到有始有终。我们要培养学生对数学书报的兴趣，让学生有阅读数学读物的良好习惯。

（四）加强对学生学习策略的指导，让学生学会学习

学生是学习的“主人”，一切教学活动的出发点和归宿都是为了学生的发展，因此教学效果的好坏最终还是落实到学生身上，教学目标的达成最终还是取决于学生。

首先，教师要转变观念，重视研究学生的学习需求。只有学生自己最明白自己需要什么；只有学生自己最了解自己学习中的困难和问题；只有学生自己最明白自己学习的状况和收效。如果学生被教师牵着鼻子走，完全没有自我，也无暇顾及自己的感受，更不能对自己的学习进行内省和反思，他们对学习已经变得十分麻木，学习已经不是他们自身的需要，学习效率低下就不足为怪了。学生是有思想的、活生生的人，教育是为了促进人的全面、和谐和持续发展，我们要始终坚持教育的这一初衷，重视研究学生学习需求，让学生把学

习变成自己的内在需要。

其次，教师要耐心地帮助学生克服学习上的困难，树立学习的信心。在学习中学生们遇到困难，一般会有两种结果：一是教师不能及时地引导和帮助，学生知难而退，不去想办法，使其成为后续学习的拦路虎；二是教师及时了解学生学习中遇到的困难，及时帮助学生，在教师的点拨和启发下学生自觉克服困难，扫除了学习中的障碍，从而增强了学习的信心，体验到学习的成功感，给后续学习提供了宝贵的经验。

最后，教师要重视对学生学习策略的指导。好的方法是成功的前提，会事半功倍。事实上不少学生没有好的学习方法，盲目顺从，学习效率低，负担加重，从而厌学，造成恶性循环，原因是我们的教师经常忽视对学习方法的指导。学习方法的指导要伴随数学教学的全过程。学习方法的指导要具体、细致、经常化，成为教师日常教学的重要内容之一，目的是进一步提高数学教育质量。

教师，是一个特殊的职业，它的特殊之处在于其育人性。而数学教师只有用自己的学识、才能以及高尚的道德品质去影响学生，才能培养学生思维的严谨性、准确性。这种教育作用不仅表现在课堂上，更表现在以身立教上，既要教人学会做学问，又要教人学会做人，做到“学为人师，行为世范”。

古诗为“根”，聚焦核心能力培养

孙明辉

一、教学案例背景

在《语文课程标准》（2011版）的小学三个学段要求中，强调了学生在学习诗词中应发挥想象，也就是要求学生要将古诗词中的文字通过想象转化为画面，进而感受到古诗词的画面美、语言美。

在传统教学中，教师们普遍采用逐句讲解、熟读成诵的方式进行授课。学生在学习过程中参与度低，课堂效果不好，语文核心素养更得不到有效提高。

“双减”政策的提出对教师的教育教学提出了新的挑战。作为一线教师，我们要结合古诗词特点和学生年龄特点，创新教育教学形式，真正做到“双减”不减“质”，“提质”在课堂。

二、教学案例主题

三年级语文下册第一单元以“可爱的生灵”为主题，编排了《古诗三首》等四篇课文，其中《古诗三首》包括《绝句》《惠崇春江晚景》《三衢道中》，三首诗呈现的是古代诗人眼中美丽的春夏景象。本单元的语文要素为“试着一边读一边想象画面”，与《语文课程标准》中的古诗学习要求高度一致。因此，教师在古诗讲授过程中应注重引导学生反复诵读诗句，并圈画出诗人所见到的景物，根据诗句内容想象画面。学生在想象过程中发现问题，结合诗句和学习古诗的经验找出解决问题的办法，帮助学生积极思考，变被动学为主动学，让语文课堂更加高效。

三、教学案例过程

（一）片段一

在学习《绝句》一诗时，学生能够准确圈画诗中事物“迟日”“江山”“春风”“花草”“泥”“燕子”“沙”“鸳鸯”，学生可以借助注释准确理解“迟日江山丽，春风花草香”，但对于“泥融飞燕子，沙暖睡鸳鸯”两句诗，学生则表现得较为困惑。此时，我适时为学生补充燕子筑巢的资料，帮助学生想象“小燕子飞来飞去衔泥筑巢”的画面。

那鸳鸯呢？有的学生结合自己对鸳鸯的了解，想象鸳鸯在水中嬉戏；有的学生则关注到了诗句中的“睡”，反驳地说鸳鸯应该是在睡觉。这时，我在课件中展示出一幅画面，请学生再读诗句，对比一下，诗句所描绘的情景与画中展示的情景一样吗？学生带着好奇心，以玩“找别扭”的心态重新拿起课本，审视诗句，在头脑中想象画面。很快，有的学生聚焦在诗句最后一句“沙暖睡鸳鸯”，他们兴奋地指着图说：“老师，鸳鸯应该是在沙子上睡觉，杜甫看到的是‘沙暖睡鸳鸯’！”

“杜甫看到的景象是这样的吗？”根据学生的发言，我及时调整课件中“鸳鸯”所在的位置，当一对“鸳鸯”在沙滩上安睡后，孩子们不由得窃窃私语：“杜甫看到的浣花溪可真好看！”“你看那对鸳鸯，睡得多舒服呀！”……

就这样，学生在诵读古诗、想象画面、对比发现的过程中理解诗句意思，既没有生硬的讲解，又无须枯燥的死记硬背。学生在学习过程中充满乐趣，以不断想象、感受的姿态触摸古人的生活，感受古时春景之美。

（二）片段二

《惠崇春江晚景》作为一首学生并不熟知的古诗，读通诗句是首要任务。为更好地落实“双减”政策，提高课堂效率，我引导学生迁移学习《绝句》的方法，引导学生在反复读诗的过程中圈画诗人所见景物，并在小组合作中尝试用简图进行绘制。

从图中不难看出，学生能够将诗句中的“竹”“桃花三两枝”“鸭子”“蒌蒿”“河豚”通过画面表现出来。根据教材中的“泡泡”提示，学生结合“蒌蒿”的字形、教材注释和教材插图，准确画出了植物“蒌蒿”。但图中河豚仅有一只，而且画面中的人正在钓河豚，并不符合诗句意思。我耐心地询问小组成员这样构图的原因，学生表示：诗句中“正是河豚欲上时”，注释中提到“河豚是一种肥而味美的鱼”，所以推测这是一个正好吃河豚的季节。

在全班展示交流的过程中，我发现类似情况并不少见，因为学生对于河豚的习性并不了解，所以没有办法准确理解诗句。因此，我没有急于否定学生，而是借由学生的困惑及时补充有关河豚的资料，在了解到河豚有“每年春天逆江而上，在淡水中产卵”的习性后，学生们恍然大悟：诗句中的“上”是指“河豚从大海逆游而上”，可不是指“上菜”！

此时此刻，再回头看看刚刚画下的“诗画”，孩子们哈哈大笑，赶紧把这“咬钩”的河豚擦掉，并自觉地将图画进行了修改。修改后的图中，清澈的河水下，成群的河豚逆流而上，将要到上游去产卵，繁衍后代。回顾“诗话”和“诗画”，“诗画”不仅促进了学生对于古诗的理解，更让学生充分参与课堂，教师是引导者，学生是学习者，我们在探究中学习，在高效课堂中落实“双减”。课后，孩子们纷纷表示，这首诗的学习让他们通过苏轼的诗、惠崇和尚的画，仿佛看到了北宋时期的江南春景，感受到当时人与自然的和谐相处，真是太美了！

四、教学案例解析

这是语文古诗课堂教学中两个普通的案例片段，却始终围绕着核心素养能力的培养而进行，最大限度地促进学生和教师的进步和发展，实现教学目的，是落实“双减”政策的有效途径。

（一）以课标为依据，紧抓“想象”，画“诗画”促理解

《语文课程标准》中强调了学生在学习诗词时应发挥想象，将古诗词中的文字通过想象转化为画面，进而感受古诗词的画面美、语言美。学生在反复诵读诗句的同时，结合注释和自身生活经验理解诗句，发挥想象理解诗句。

“诗句中的画面是这样的吗?”一句反问，将思考的空间还给学生。学生在主动思考中发现诗句的细节，是一步步完善“画面”的过程，是他们深入理解诗句的过程，以“诗画”代替枯燥无味的讲解，以“修画”改变思考的深度。学生在探索中学习知识，提升核心素养，正是高效课堂构建的有效途径，是落实“双减”政策的创新教学方式。

（二）以学生生成为支点，巧妙点拨促理解，提高课堂效率

基于学情的教学设计是高效的，抓住课堂中稍纵即逝的生成，同样是高效课堂必不可少的环节。

在本课教学中，教师抓住学生错误的回答，以此为生成点，或补充资料，或引导学生关注诗句细节，有效突破教学重难点，帮助学生深入理解诗句。课堂中不再是教师的“一言堂”，学生错误认知的纠正成为课堂中的亮点，大大提高了学生学习的效率，提高了教师教的效率，打造了成功的“高效课堂”。

（三）以学生为主的课堂活动，构建和谐、欢乐的“双减”课堂

从课件展示的图画，到亲手绘制一幅“诗画”，学生成为课堂学习的主体，参与课堂的讨论、展示。学生以分小组讨论和小组竞赛的形式充分调动了学生的积极性，通过小组成员的合作和小组间的互动，使学生以“主人”的角色融入课堂中。学生乐学，课堂也更高效。而教师只是作为一名引导者，带领学生一步步走向知识，走进诗人的世界。

我巡视整个教室，悄悄地走到学生小组中，倾听学生的讨论并适时地给予指导，“诗人看到的是这样的景色吗？先别着急，再读一读诗句”，看似简单的语言却让课堂氛围变得更和谐，学生在参与讨论时更投入，同时也激发了学生的表现欲望。老师和学生之间平等交流的桥梁，使学生真正投身到语文课堂的学习，变被动为主动，变枯燥为欢乐，在学习中逐步培养语文核心能力，实现持续学习与发展。

聚焦单元整体　确定教学目标

王婷婷

教学活动应以教学目标为导向，且始终围绕实现教学目标而进行。准确、合理的目标，是实现有效教学的前提，是落实语文要素、提高学生实际获得的基础。因此，教师应在教学中不断探究制定有效教学目标的路径，准确把握课程标准，深入研读教材，挖掘文本赋予的教学价值。下面我以语文学科部编版教材第五单元为例，解析确定教学目标的具体过程。

基于单元整体视角，进行单元教学内容分析，思考教学呈现方式以及单元的育人价值，在文本深入解读的基础上进行单元学情分析，明确学生学习的起点、能力发展点以及落脚点，进而提取单元核心教学目标，为教学活动奠定基础。重点是从分析教学单元的基本组成，到确立单元教学目标的过程。中心目的就是要找焦点、作判断，看看这些内容都聚焦在哪些问题上，进而由它们的焦点出发，判断教材编写者的设计意图，思考这个单元整体上教材编写者赋予它的教学价值，以及我们根据这种教学价值提取出来的教学目标。

一、分析单元教学内容

（一）内容编排方面

在本单元教学内容分析中，我首先横向梳理本单元的教学内容，从内容编排上分析本单元课文的内在联系。部编版小学语文二年级上册第五单元，学习主题的核心概念是“讲故事，明道理”。它围绕“思维方法”的人文主题，编排了《坐井观天》《寒号鸟》《我要的是葫芦》三篇课文。从体裁上看,《坐井观天》《我要的是葫芦》是寓言故事,《寒号鸟》是民间故事，另外在“语文园地五”中还安排了成语故事《刻舟求剑》。

总体来看，本单元的课文体裁多样，有利于丰富学生的阅读经验和语言积累，而且故事中都蕴含着一定的道理。但思考问题的角度各不相同，各具特色，因此不仅考虑了学生的阅读心理和阅读体验，还关注到学生已有的知识经验和生活经验，有利于唤起学生的阅读兴趣，激发学生对故事的思考。

（二）知识能力编排方面

本单元的阅读要素是“初步体会课文讲述的道理”。从这一方面看，故事虽然短小，但寓意深刻，都是通过思考问题，在阅读的基础上感悟其中的道理。在学习的过程中，养成边阅读边思考的习惯，学习从做人做事的角度去思考问题，继而养成勤于反思的思维习惯，培养学生的思维意识和思维能力。

本单元的表达要素是“感受和体会课文语言表达的多样性，学习表达”。从这一方面看，不论是课文内容，还是课后练习题，都突出了语言的多样性。第一，从语言形式上看，这些课文都是以对话为主。利用这些课文帮助学生学习语言表达，简便易行。第二，从语言表达上看，关于句式的学习，在每篇课文的课后习题中都有呈现，比如反问句、感叹句，以及把句子写具体等。在朗读中感悟多样的表达形式，有利于丰富学生的语言表达。第三，课文的故事性都很强，以讲故事的口吻来叙述，得到儿童的喜爱。

具体到每篇课文的内容，详见下表。

课题	坐井观天	寒号鸟	我要的是葫芦	刻舟求剑
课文内容	小鸟和青蛙争论天有多大	寒号鸟因为懒惰被冻死	种葫芦的人只想要葫芦却不管叶子上的蚜虫，导致葫芦都落了	坐船人丢剑后可笑的行为
语言训练点	分角色朗读课文，读好不同句子（疑问句、感叹句、陈述句）的语气	感受同样的意思，可以用不同的方式来表达	通过句子的对比朗读，体会不同的语气表达了不同的感情	读好不同句子的语气
思考的角度	从做人的角度边读边思考	联系生活实际思考问题	从做事的角度边读边思考	边读边思考
蕴含的道理	读万卷书 行万里路	勤劳做事 未雨绸缪	从想要到得到 中间还要做到	随机应变

二、教学呈现方式

基于以上分析，在本单元的教学中，应该借助课后思考题，引导学生联系生活实际发表自己的观点，通过交流讨论，逐步体会课文讲述的道理。比如，在学习《坐井观天》《寒号鸟》两篇课文时，可以引导学生尝试围绕主要问题展开讨论，联系生活实际谈自己的看法，锻炼口语表达。学习《我要的是葫芦》时，可以通过对比朗读体会不同语气，了解种葫芦人的心态，学习句式表达。这样的做法，就是想通过学生对关键问题的理解，逐步理解课文讲述的道理，初步掌握思考问题的一些方法。

教材板块“课后习题”中充分体现对语言表达的重视，对低年级学生而言，识字与写字仍是教学中的重要内容，对语言的表达仅仅是初步感知与渗透，语言表达与运用的训练从易到难，依次是“会读”“感受与积累”“对比体会表达情感”“仿写中能初步运用”，层层递进，环环相扣。围绕本单元文章中有特点的语言，引导学生感受同样的意思可以用不同的方式表达，不同的语气可以表达不同的情感等，这不仅有助于学生更好地理解故事的道理，也为后面“有感情地朗读课文”奠定基础。

因此，在本单元的主题学习中，将始终引领学生以发现者、探索者的身份参与整个学习过程，在有效参与中，自主阅读、不断探索，获得阅读成果。

三、单元育人价值

（一）培养思维意识

从单元主题上看，围绕思维方法展开的教学，目的是在学生心中种下思维的种子，潜移默化地影响学生思考问题的角度，形成思考问题的方法，培养良好的思维意识（具体如下图所示）。

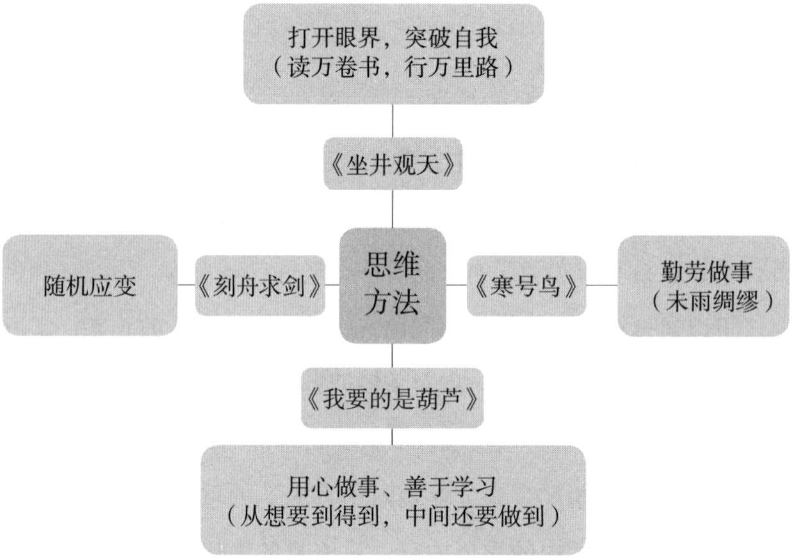

中国古代很多故事，结局都不美好，甚至主人公的行为很愚蠢，本单元的课文也是这样。本套小学语文教材中，此类文章很多，比如，一年级学的《小猴子下山》、三年级学的《守株待兔》、五年级学的《自相矛盾》。虽然这些故事的结局不美好，而且语言也相对简练，但人们还是很喜欢读这样的故事。原因就是人们通过读故事，能在失败的、不美好的事情中，进行反思，吸取教训，进而悟出道理，获得一些人生启示，从而指导自己的言行，变得更有智慧。

因此，这类课文的学习重点不在于了解故事，学习故事内容，而在于通过读故事，从问题和失败中获得启发，学习从做人做事的角度思考问题，从而收获一些指导生活实践、为人处世的深刻道理，变得更有智慧。可能有些道理学生还不能深刻地领悟，但是对于学生来说，在阅读中独立思考，获得丰富的体验，思维上拥有思考和反思的意识，才是最实用、最有意义的。

（二）丰富语言表达

从语言的角度上看，对话的语言形式，讲故事的叙述口吻，都是低年级学生最熟悉的形式，深受孩子们的喜爱。学生在多种形式的朗读中，体会课文表达的好处，学习课文的表达方式，进而习得语言，丰富自己的语言表达。另外借助多样性的语言环境，丰富学生的文学积累，帮助他们获得初步的情感体验，鼓励学生个性表达，激发学生对表达的兴趣以及在阅读中对语言的关注。

四、单元学情分析

（一）关于文章特点方面

1.故事特点

通过对全套教材人文主题和语文要素的梳理，能够发现“初步体会课文讲述的道理”这一阅读要素是首次出现。关于思维方法以及体会课文讲述道理的学习，将贯穿整个二年级，乃至整个小学阶段的学习，因此通过读课文学会思考问题是学生学习的重点。见下图。

年级	册次	单元	人文主题	语文要素
二年级	上册	第五单元	思维方法	初步讲述课文讲述的道理
	下册	第五单元	办法	根据课文内容，谈谈简单的看法
三年级	下册	第二单元	寓言	读寓言故事，明白其中的道理
五年级	上册	第八单元	读书明智	阅读时注意梳理信息，把握内容要点
	下册	第六单元	思维的火花	了解人物思维过程，加深对课文的理解

在一年级的学习中，学生没有接触过寓言故事、成语故事和民间故事这样的体裁，但对于能从中收获道理的小故事，有过一点接触，比如一年级学过《乌鸦喝水》《小猴子下山》和《咕咚》等。通过读故事，懂得了一些道理，但学生年龄段较低，如何在阅读中进行思考和提问，学会从做人做事的角度看待问题，懂得道理？学生会感到困难。

2.对话特点

一、二年级的课文中，关于对话形式的课文出现次数很多，尤其是二年级，对话形式的课文数量占全部课文数量近一半。

在本课之前，以对话形式出现的课文共12篇，比如《小蜗牛》《小壁虎借尾巴》《棉花姑娘》《小蝌蚪找妈妈》《玲玲的画》等。“对话”是二年级学习中常见的语言形式，在学生的学习中有重要的地位，因此，学生借助对话读懂故事，养成关注对话了解课文内容的意识，是学生学习的重点。因为学生接触过对话形式的课文，所以不难接受。

（二）关于结合课后习题，落实语文要素方面

1.指向表达要素的训练习题

指向表达要素的课后习题，具体如下。

课题	课后题号	语言表达
坐井观天	课后第一题	分角色朗读课文，读好不同句子（疑问句、感叹句、陈述句）的语气
寒号鸟	课后第二题	感受同样的意思，可以用不同的方式来表达
我要的是葫芦	课后第二题	通过句子的对比朗读，体会不同的语气表达了不同的感情
语文园地	字词句运用：仿写	通过仿写，引导学生把句子表达得更具体

“读好角色的对话”是本单元朗读的一个重点。在以往的学习中，学生已经认识了感叹号、问号，能够利用语音语调的变化，读出反问句、感叹句的语气。因此，在读好对话这个方面，多数学生并不困难。

本单元在朗读上，每篇课文都提出不同要求，强调对比。一方面，在不同人物的语言中，读出人物内心的想法和态度，进而借助朗读逐渐感悟道理；另一方面，在对比朗读中，感受使用感叹句、反问句表达的好处，学会这种表达方法。关于反问句句式的学习，学生又是第一次接触，它是教学中的一个新知识点，需要教师的指导。

2. 指向阅读要素的训练习题

从二年级开始，课后思考题增加了思维训练，比如《曹冲称象》课后第一题“说一说为什么曹冲的办法好”、《玲玲的画》课后第二题“读‘只要肯动脑筋，坏事也能变成好事’这句话，联系生活说说你的体会”，以及下图所示的本单元的课后习题，都指向训练学生思考问题的角度及方式，培养思维意识。这对学生来说有难度，需要教师逐步引导。

（三）关于语言概括方面

课题	课后题号	阅读思考
坐井观天	课后第二题	小鸟和青蛙在争论什么？它们的想法为什么会不一样？
寒号鸟	课后第一题	为什么喜鹊住在温暖的窝里，而寒号鸟却冻死了？
我要的是葫芦	课后第一题	种葫芦的人想要葫芦，为什么最后一个也没得到？
刻舟求剑	阅读思考	为什么那个人最后得不到宝剑呢？

总结故事蕴含的道理对二年级学生来说有难度，因为这需要在对故事内容充分了解并思考后，进行高度的概括和浓缩。低年级学生的概括能力有限，要从具体的故事中概括出相对抽象的道理，有很大的困难，需要教师的帮助。

（四）关于正确朗读课文方面

本单元的学习中要认识47个字、会写24个字，能分角色朗读课文，读好对话，读出不同句子的语气。由于语言形式多样、句式多样，有些课文篇幅较长，因此读起来有一定的困难，需要教师在朗读上有一定的指导。

五、确定教学目标

（一）单元教学目标

基于以上分析，确定单元的核心目标，具体见下表。

单元目标	单元内容	目标达成
1. 能正确、流利地朗读课文；能分角色读好角色的对话，通过借助图画、对比朗读等读出不同句子的语气，感受语言表达的魅力 2. 按要求积累词语，丰富自己的语言表达能力 3. 通过朗读课文、联系生活实际等，说出自己的阅读感受和想法，懂得课文讲述的道理	坐井观天	1. 正确朗读课文，读好小鸟和青蛙的对话 2. 借助朗读、联系生活，在交流中感知“要用谦虚的态度看待问题”的道理
	寒号鸟	1. 正确、流利地朗读课文，读出喜鹊和寒号鸟对话的不同语气 2. 能对比朗读、联系生活懂得要未雨绸缪、勤劳做事的道理
	我要的是葫芦	1. 正确流利地朗读课文。借助插图、抓住关键句、对比朗读，读出句子的不同语气 2. 图文结合，读懂寓言故事，懂得做任何事情都要“用心做事、善于学习”的道理
	刻舟求剑	1. 借助拼音和插图，读懂成语故事《刻舟求剑》，并懂得做事情要随机应变 2. 借助推荐成语故事，对阅读产生兴趣，养成主动阅读的习惯

（二）课时教学目标

在单元整体目标的指导下，再制定每课时的教学目标。比如《我要的是葫芦》这一课，以往的教学目标多定位在“联系”上，而在本设计中，通过整个单元的分析，我们更多地关注学生的实际获得，强调我们要如何做事，而不是故事本身。体现在教学目标中，就是让学生学会：第一，借助图画对比，读懂寓言故事，了解种葫芦人最后没有得到葫芦的原因，懂得做任何事情都要“用心去做、善于学习”的道理。第二，抓住关键句体会种葫芦人的心态和做法，练习有感情地朗读，结合课后训练学习多样性表达。

综上所述，在单元整合背景下，对教材单元内容横向和纵向进行有效分析，对知识内容和语文要素进行全面梳理，以此为依据，制定出符合学情的学习目标，为教学活动提供理论支撑，为学习活动提供支点，能有效促进语文要素的达成，进一步落实核心素养。

小学生消极运动的策略与干预

张　勋

近年来，近视、肥胖和身体素质下降，已经成为扼杀我国青少年儿童身体健康的三大“杀手”。2020年全国学生体质健康测试调研结果显示，我国学生的近视不良率继续上升，并出现低龄化倾向；肥胖率继续增加；中小学生身体素质继续呈现缓慢下降趋势。比如，在军训活动中的站军姿，不到10分钟就会有学生晕倒，五、六年级学生完成800米跑后，就出现呕吐甚至晕倒等情况；每周一升国旗，学生晕倒现象时而发生。从近年来相关研究和媒体报道来看，学生体质下滑不是“个例”，已经成为普遍现象。如何提高学生体质，怎样结合体育教师所教的锻炼方法，提高运动的兴趣，让所有学生能够参与锻炼，从锻炼中找到自己的爱好，是值得我们体育教师深思的问题。根据多年的体育教学实践，我在此方面有了一些感悟与思考。

一、案例一

红红是一名小学四年级的女生，身高比同班的学生要高出一头，体重同样也比其他同学重。由于家里的溺爱，红红常年吃一些高热量高蛋白的食物，造成体重迅速增加，开始出现了运动哮喘、呼吸困难。这导致红红特别不喜欢体育课，经常会在早操前在学校大门外徘徊，逃避早操，等所有同学早操结束之后再进校门，体育课同样也是这样的情况，她会找各种理由逃避上体育课。由于自己没有信心，加上自己懒惰的心理，班级中已经没有和她一起玩的伙伴了，红红开始精神萎靡，讨厌上学，经常让爸爸妈妈给她请假不来学校。与此同时，家长也开始担心起来。

（一）案例分析

四年级的女生红红，身高150厘米、体重82千克，已经属于重度肥胖的范围，不愿意参加体育活动，对体育锻炼没有任何兴趣。红红出现了不良的身体症状，原因还是因为肥胖不运动所导致。为了不参加运动，她开始逃避体育课、早操、早锻炼等。由于父母的溺爱，经常帮助其请假，不到学校，在学校中也没有一起玩的伙伴。

（二）鼓励参加体育活动策略与教师干预

第一，通过与红红及家人的交谈，得知红红不愿意参加体育锻炼的原因。希望家长能够配合学校和老师一起让红红好起来。

第二，说服红红父母，在家成为红红锻炼的伙伴，为红红树立锻炼的榜样。

第三，鼓励班级里的其他同学成为红红锻炼的伙伴，给红红多一些鼓励。

第四，制订计划，红红的锻炼不用着急，缓慢地开始，可以通过一天走500米开始，逐渐地增加走动的距离，变换节奏，增加走动的步幅和步频，慢慢地让红红跑起来。也可以尝试通过对红红的了解，了解她对何种运动项目感兴趣，开始尝试练习。让红红从自己喜欢的运动中得到锻炼的信心，这有助于让红红坚持下去。

第五，父母一定要控制红红的饮食。

根据以上五点策略，红红逐渐运动起来，身边的伙伴逐渐多了起来，伙伴之间的鼓励更具有说服力，父母的榜样作用也发挥了重要的作用。慢慢地红红有了锻炼的信心，体会到了锻炼的乐趣。经过一年左右持续的坚持，在锻炼的过程中，红红的运动呼吸困难等症状逐渐好转，家长看到运动的作用也松了一口气。现在红红已经六年级毕业，在最后的体育毕业合格考试中，红红取得全优的成绩，完成了体育考试。

二、案例二

小臧同学是2022年刚刚转学来的一名五年级的男生，听说在原来的学校他是学校的足球明星，运动能力很强，很可能走上专业发展的道路。可是来到学校后，小臧同学开始排斥足球，学校的足球训练也不参加，体育课上也是无精打采的，感觉一切体育活动都跟他没有关系，不像之前听说的那样身体素质很强，能成为今后的足球明星。为了一探究竟，我有意利用体育课游戏时间，把男生分成两组进行一场足球比赛，小臧被分在了能力较弱的一组，我希望能够由他带领他的组员取得比赛胜利，从中找到获胜的乐趣，重新找到踢球的快乐。遗憾的是最终我也没能看到小臧同学的风采，他的队员把球传到他的脚下时，他并没有表现出激情与斗志，但是能看出来，他的基本功还是很扎实的，也会本能地过人、带球，但是面对门将的时候，会有意把球踢偏。究竟是什么原因导致小臧同学有如此的表现呢？

（一）案例疑问

第一，小臧同学刚刚转入本校，一切环境需要重新熟悉。不能很快地适应新学校新环境？

第二，对足球的排斥究竟是何原因？一名学校的足球小明星为何现在对足球不感兴趣？

第三，不愿意转校，愿意留在原来的学校？原来的学校有自己的队友，因为队友想放弃足球？

（二）解决策略

首先，利用课间单独和小臧同学聊一聊，究竟是什么原因使其放弃踢球，不愿意踢球。其次，把小臧同学当成同龄人，在同一视角高度与其交流，以朋友的身份而不是老师的身份和小臧谈心。最终，小臧同学说出了原因。小臧同学开始排斥足球的原因如下。

第一，在校足球队里训练，教练会经常性体罚，一个动作做不好就会体罚蹲起、蛙跳、俯卧撑之类。在体罚之后，不让踢球，罚站在一边观看整场训练，直到训练结束。

第二，足球训练中一遍一遍地重复相似的内容，即便有些技术动作做得已经很完美了，还要重复再重复，他觉得失去了踢足球的乐趣。

第三，在家中通过聊天了解到，不管小臧心情如何，父母经常强迫其练球，不服从还会受到训斥和惩罚。

通过小臧同学开始排斥足球这件事，我深刻反思，一名体育教师，一名教练员，应该如何上好一节体育课，如何上好一节训练课。根据小臧同学的问题，总结出针对性的干预策略。

（三）干预策略实施

第一，在体育课堂与课后体育训练中，杜绝学生因练习不好的惩罚行为。

第二，杜绝学生在课堂中成为旁观者，让每一名学生都能参与锻炼活动。

第三，从兴趣导入，让每一节课都不再枯燥。同样的教学内容，可以改变形式，从孩子年龄特点、心理特点出发，让每一节课都可以新颖起来，让孩子们体会到运动项目的乐趣。

第四，与家长联系，说明小臧同学的情况，希望家长能够配合学校，配合体育老师，不要在小臧同学不情愿的情况下简单粗暴地督促孩子练习，这样会让孩子失去锻炼的乐趣。

最终，在家长和学校的配合下，在体育老师的执行中，小臧同学重新找回了踢足球的乐趣，建立了信心，成了学校的足球小明星，并且由于足球技术能力的突出，最后被北京市足球特色优质中学选中，继续追逐他的足球梦想。

根据以上两个案例汇总出体育活动策略八个要点。

其一，成为锻炼者的角色榜样。当学生发现身边的锻炼者是父母、老师或成年朋友时，他们可能也会将保持身体健康视为自己生活中重要的内容。

其二，适合学生的身体和运动技能。例如，使用学生适用的器械，能够让参与的学生更有成就感。

其三，鼓励学生寻找搭档。搭档可以是朋友、兄弟姐妹或父母。锻炼可以涉及多种活动，如滑冰或徒步旅行，如果有多人参与，活动会更加容易开展。

其四，缓慢地开始。没有形成定期活动习惯的学生，应该逐渐参与运动。例如，他们刚开始可以一天只进行5分钟的锻炼，一周7天。4周过后，他们可以努力达到一天进行30分钟、一周3 ～ 5天的锻炼目标。

其五，督促学生参与有组织的体育运动，张弛有度。不是所有的学生都愿意运动，督促得太紧可能会事与愿违。把参与和享受乐趣作为这些活动的目标，而不是把取胜作为目标。

其六，让锻炼富有趣味。为了让学生养成锻炼的习惯，应该让他们觉得锻炼是很有乐趣的。不要让学生一直处于旁观者角色，否则可能导致儿童失去运动兴趣，终身讨厌锻炼。

其七，不要把一些运动项目作为惩罚。学校和父母应该鼓励学生参加那些让他们感受到乐趣的、有组织的活动。

其八，提供健康的饮食。与那些饮用大量汽水和食用快餐的学生相比，饮食健康的学生将有更多的能量去进行身体活动。

提升学生英语阅读能力的策略研究

王晓菲

阅读是通过语言文字来获取信息、认识世界、发展思维，并获得审美体验与知识的活动。它是从视觉材料中获取信息、理解、领悟、吸收、鉴赏、评价和探究文章的思维过程。因此它是一种主动的过程，是由阅读者根据不同的目的加以调节控制的，可以陶冶人们的情操，提升自我修养水准。

培养学生的阅读能力是英语教学的主要内容之一。开展丰富的阅读活动能够使学生的英语知识得到有效巩固与深化，同时也可以凸显英语的工具属性，逐步培养学生对英语学习的积极情感，进而增强学生实际运用英语的能力。

一、小学高年级英语阅读现状

大多数小学高年级学生除了课本或练习册上的阅读材料之外鲜有积极性去接触更多的内容。究其原因，一方面，笔者认为是教师仅着眼于文本的语言是否匹配学生水平，或者在教学时倾向于利用故事性绘本营造场景或氛围，而这些情节简单的故事已经不符合小学高年级学生的心理发展水平；另一方面，教师没有在阅读时给予学生系统的长期的陪伴与指导。这些都导致学生在英文阅读时缺乏兴趣、方法、技能及文化背景，从而影响其养成良好的阅读习惯和从中获得成就感，学生读不懂，也不愿读。这一现象循环往复，恶性循环。

二、非故事性文本作为小学高年级英语阅读资源的特点

小学高年级学生正处于由儿童向青少年过渡的关键时期。他们的自我意识、独立意识，随着其抽象思维能力的进一步发展而更加鲜明，在认知、兴趣、爱好等方面也与儿童时期完全不同。因此，教师需要综合考虑学生的心理发展水平、认知能力、兴趣爱好以及语言能力，精心选择一系列他们喜闻乐见的，符合他们英语水平的阅读素材。一些优秀的非故事性文本可以作为教材的有益补充，它们具有以下特性。

（一）知识性

非故事性文本打破了时间与空间的壁垒，能够较为客观、真实、准确地传达信息与知识。学生通过阅读并学习这些原汁原味、题材广泛的文章，不仅能够获取信息、开阔眼界，还能够更多地了解英语国家的文化背景，从而提高对跨文化知识的了解并提升英语文化素养，有效减少其在阅读英语文章时由于中西方文化差异所带来的理解上的困难，真正将英语的人文性及工具性有效结合。比如介绍欧美同龄人生活中的喜好、细菌的分类及对人们生活的影响、食物种类与合理饮食、中西方不同节日文化等，这些都是小学高年级学生感兴趣的主题。

（二）实用性

非故事性文本的内容与日常生活密切相关，比如一些文章向读者传授做某事的方法以及技巧，比如食谱、实验步骤、手工制作方法等。学生阅读并理解文章后，就可以了解到该领域的相关知识，并将其用于生活实践。这样，他们能切身体会到阅读与生活的密切关系，会产生更浓厚的阅读兴趣。

（三）规范性

非故事性文本是对身边人、事、物的英文描述与表达，语言规范、精练。学生可以将其作为范本，积累地道、实用的英文书面表达方式，为自己的写作奠定基础。

（四）时效性

随着社会的发展与变迁，新的知识、信息，以及新的词汇和表达方式层出不穷，因此阅读材料的时效性显得尤为重要。非故事性文本可以直接、快速地传递丰富多彩的信息与知识，其中还含有大量鲜活的语言，学生通过阅读不仅可以了解当今时事，与时俱进，还能学习和巩固英语语言知识。阅读这些文章是接触现代英语最直接、最有效的方式之一，是传统教科书的有益补充。

（五）趣味性

很多非故事性文本主题丰富新颖，贴近学生生活，且内容简练，图文并茂，能在第一时间让学生产生阅读兴趣，却又不会有很大难度，充分满足了不同学生的兴趣爱好。这些文本能够促进学生积极主动地阅读，提升他们的英语学习效果。

三、优化小学高年级非故事性文本阅读教学策略

（一）依托教材及生活实际，精心挑选文本内容

非故事性文本的选择，要紧密贴合教材的内容及学生的生活实际。如外语实验小学校本英语课使用的剑桥少儿英语*Kid's Box*中第五单元Exploring the world（探索世界）介绍的是英国著名探险家欧内斯特·沙克尔顿。文章介绍

他率领探险队不畏艰难险阻勇闯南极洲的事迹，其勇于探索人类未知领域的英勇精神，激励着后辈科学家、探险家们。教师巧妙结合现今时事：全球抗击新冠肺炎疫情中涌现出很多杰出的医护人员和科研人员，以及全力支持抗疫的无名百姓，教师遂选择了“丽声非常百科故事”英文绘本第六级中的 *Real Heroes* 一书，与学生们共同探讨真正的英雄拥有什么特质，现今社会中谁称得上是真正的英雄。这样避免了单纯说教，学生不仅不会觉得突兀乏味，还能通过阅读积累语言知识，从而就时事表达自己的想法，抒发自己的感情，并提升思想道德素养。

（二）设计多样化活动，提升学生阅读技能

学生只有掌握了一定的阅读技能，才能更好地理解文章内容，从而在课外主动补充阅读素材。因此在阅读过程中，教师需要关注学生状态，指导他们运用正确的方法与技巧。

1.读前

教师可以先出示非故事性文本的图书封面或者插图，引导学生猜测文章主题，谈论对该主题已有的认知，接下来自然过渡到文本内容。这样学生由单纯地接受知识，转变为与教师一同探究文本内容，大大增强了他们的学习兴趣与参与的积极性。

2.读中

（1）默读与朗读相结合，培养良好语感。

朗读是一种发声阅读的方式，在读的过程中发声和听到自己的声音都是对阅读内容的输入，有利于对文章内容的理解与欣赏。而默读省去了发音的动作，没有对语音、语调、声音大小等方面正确适度的要求，所以阅读速度快，同伴间互不影响，便于集中地思考、理解读物的内容，且不易疲劳，易于持久。朗读与默读都是阅读的重要方式，只是形式和作用存在一定差别，两者都是很重要的阅读技能，因此教师可以在教学的不同环节、根据不同目的选择读

的形式。

（2）联系上下文，合理猜测生词意思。

在英语阅读中，学生经常会遇到不认识的词，教师要引导他们根据上下文的含义，结合词句出现的具体语境展开合理猜测。“猜测”的过程也是学生发展自身英语思维的过程，在积累知识的同时还能收获成就感，令其受益终身。

（3）发展略读能力，找出关键语句。

教师可以在学习文本前给学生提出一些问题，或布置一些活动，以此引领他们高效阅读与思考。学生寻找答案、完成任务的过程也是理解文章大意的过程。

（4）学会精读，完整理解文章内容。

学生在略读后，对文章已经有了大体的了解，但是文中有一些具体的词句和个别段落还需要仔细品味，这就需要教师带领学生再次回归文本，提出更细致的问题，引领学生阅读理解。

3.读后

检验阅读效果是一个很重要的环节，可以有汇报、展示、辩论等形式，不拘泥于做练习回答问题。

（三）延伸课外阅读，鼓励学生积极参与

对于小学高年级学生来说，想要提高英语阅读能力，仅仅依靠教材上及教师补充的阅读素材是远远不够的，广泛的课外阅读可以提高学生的综合语言能力，其具体作用如下。

第一，帮助学生扩充词汇量。

第二，巩固课上所学。课外阅读能使学生反复接触课堂上所学的词汇、短语和句法结构，从而达到潜移默化巩固知识的效果。

第三，提供语言素材。学生通过阅读掌握信息与知识，在与人交流过程

中，这些都是鲜活真实的语言素材。

第四，提供写作范例。非故事性文本为学生提供了优秀、规范的文章范例，阅读与学习这些文章，有助于提高学生自身的写作水平。

第五，有利于培养学生在阅读中独立思考并解决问题的能力。

教师可以在班级中开展课前5分钟持续默读、阅读打卡、好书分享等活动，激励学生自主阅读。

综上所述，在小学高年级开展非故事性文本教学，能够弥补教材语篇有限、内容与形式单一的不足，能够增强学生综合语言运用能力，还能够让学生多角度、更客观地认识世界，发展学生的综合素养，可谓一举多得。教师应以学生为本，积极开发适合他们的英文阅读资源，帮助学生从最初的阅读以获取信息阶段，过渡到满足自身精神需求的阅读消遣阶段，引领学生踏上阅读之旅，探索精彩的大千世界。

注重单元备课，助力“双减”

秦笑尘

2021年7月24日，中共中央办公厅、国务院办公厅印发《关于进一步减轻义务教育阶段学生作业负担和校外培训负担的意见》。“双减”政策指出，要全面压减作业总量和时长，减轻学生过重的作业负担。2021年8月18日，中共北京市委办公厅、北京市人民政府办公厅印发《北京市关于进一步减轻义务教育阶段学生作业负担和校外培训负担的措施》的通知。守住学校这一主阵地就是守住“双减”的底线，只有守住底线，才能将“双减”落实到底，而提高课堂教学效益是确保“双减”落实的桥头堡。

一、核心素养在单元中的分布

小学语文核心素养主要包括四个方面：第一，阅读理解能力。在核心素养要求下，在小学语文教学中，必须不断提升学生的阅读理解能力，即理解能力、感知能力、鉴赏能力、学生的阅读兴趣和阅读情感等。第二，思维发展能力。在核心素养下，在小学语文阅读教学中，必须要借助阅读和交流等方式，加强学生语文思维能力的培养。第三，文化感受能力。鉴于语文是文化传承的重要载体，在学习过程中，应引导学生逐渐形成理解社会、完善人格、丰富人生的目的，通常还应充分发挥其审美教育功能，引导学生感受文化，提升审美情趣。第四，语言表达能力。在单元导语、课文和课后练习中，寻找学科的核心素养。以单元备课的形式，寻找单元之间的联系。

单元整体教学就是以单元主题为核心，将一个单元作为一个整体，创设一个完整的符合学生实际的学习情境，整合和重构相关的教学内容，并进行连续课时的单元教学。这些连续的课时就构成了一个单元的教学，但每个课时又是完整独立的，并且每个课时之间又有着紧密的逻辑关系。单元教学就是在此基础上进行纵向联系，寻找学期与学期间的单元核心素养之间的联系。

在“双减”精神的大背景下教师尝试通过单元备课的方式，串联单元中的语文要素，统筹单元知识点，有重点地在每节课中落实。做到掌握教材中的学科素养结合点，构建适合“双减”精神下的小学语文核心素养体系。列出三年级语文上下册各单元的人文主题和语文要素进行对比，寻找单元之间的联系。

二、单元备课案例分析

（一）在单元备课中结合课标梳理整个单元的学科素养

例如，小学语文三年级第一单元：本单元以“学校生活”为主题，包含《大青树下的小学》《花的学校》《不懂就要问》三篇课文，口语交际“我的暑假生活”，习作“猜猜他是谁”和语文园地。本单元是小学语文教材中第一次出现“篇章页”的单元，故在开启本单元学习之前，应先引导学生对篇章页进行读读、议议、说说，明确本单元的整体要求，形成对本单元学习的整体认识。

整个单元三篇课文，主线只有一条，就是唤醒学生对有新鲜感的词句的敏感意识，使学生试着去感受、理解和积累，并在此基础上，通过练笔写话，试着对新词句加以运用。这从教材的编辑上体现了“语言的建构与运用”。所谓“新鲜感”是相对于常态而言的，这就涉及“比较、分析、提炼、概括”等思维能力。“新鲜感”也是一种主观体验和感受，是一种审美体验，可以想象成画面和场景，这就涉及审美能力。“新鲜”的词句的背后涉及文化背景，这与“文化的传承和理解”是密不可分的，能为学生学以致用打下基础。

在分析教材时有目的地对语文要素“阅读时，关注有新鲜感的词语和句子”进行拆分，将其分散在本单元的每一节课中，例如，三年级上册第一课《大青树下的小学》，描写了一所边疆小学的孩子们欢乐祥和的校园生活，体现了我国各民族儿童之间的友爱和团结。要求在文中画出有新鲜感的词句。

第二课《花的学校》是散文诗，作者通过丰富的想象，把童真表现得淋漓尽致，表现了孩子和妈妈之间深厚的感情。要求注意文中把事物当作人来描写的表达方式。

第三课《不懂就要问》，通过孙中山小时候向私塾先生提问的故事，培养学生不懂就要问的学习习惯。要求把有新鲜感的词句画下来和同学交流。

在备课时提前分析出本单元需要掌握的相关要素，作出针对整个单元的统筹与规划，制作规划表格把知识点有目的地分散到每节课，让学生从不同的侧面接触新知识。

内容	课时	内容简说	承载的主要任务	教学要点
大青树下的小学	2	本篇课文通过对一所边疆小学的描写，反映了边疆孩子们幸福的学习生活，体现了各民族之间的友爱和团结	1. 能找出课文中有新鲜感的词句，与同学交流 2. 能用自己的话说出“大青树下的小学”特别的地方。能借助提示，说出自己学校生活的某个场景	1. 认识 25 个生字和“假、背、圈”3 个多音字，会写 26 个生字，会写“早晨、穿戴”等 34 个词语 2. 正确、流利地朗读课文，能边读边想象画面 3. 默读课文《不懂就要问》，能初步了解略读课文的基本学习要求，了解课文的主要内容，说出自己的看法 4. 能关注有新鲜感的词句并与同学交流，借鉴课文的表达仿说或仿写
花的学校	2	本篇课文是一首散文诗。诗人以清新流畅的笔触，写出了花儿们的美丽、向上，充满了儿童情趣	1. 能找出课文中有新鲜感的词句 2. 能仿照“雨一来，他们便放假了”的句式写句子 3. 了解课文主要内容，想象花儿“在绿草上跳舞、狂欢”的情景	
不懂就要问	1	本篇课文记叙了孙中山小时候在学习时请求先生讲解课文意思的故事，赞扬了孙中山乐于思考、敢于提问的学习态度	1. 初步了解略读课文的基本学习要求 2. 默读课文，能说出课文讲了一件什么事，并简单地表达对这件事的看法	

（续表）

内容	课时	内容简说	承载的主要任务	教学要点
口语交际	1	我的暑假生活	1. 能选择自己暑假生活中的新鲜事，把经历讲清楚 2. 能选择别人可能感兴趣的内容讲述，讲的时候能借助图片或实物	1. 能选择自己暑假生活中的新鲜事，把内容讲清楚 2. 选择别人可能感兴趣的内容讲述，讲的时候可以借助图片或实物
习作	2	猜猜他是谁	1. 能选择一两点特别的地方，写几句话或一段话介绍自己的同学 2. 注意习作书写格式，进行仿写练习、连句成段、修改练习、扩写、续写练习	1. 能选择自己暑假生活中的新鲜事，把内容讲清楚 2. 选择别人可能感兴趣的内容讲述，讲的时候可以借助图片或实物
语文园地	2	交流平台、词句段运用、日积月累	1. 能交流在课内外阅读中遇到的有新鲜感的词句，知道主动积累这样的词句并进行寻找新鲜感的词句方法的总结 2. 能根据语义表达的需要，读出句子的重音	1. 能交流在课内外阅读中遇到的有新鲜感的词句，知道要主动积累这样的词句 2. 能说出“摇头晃脑、面红耳赤”等成语的特点，并积累这样的成语 3. 能根据语意表达的需要，准确地读出句子的重音 4. 能根据兴趣小组的特点，使用有个性的词语为其取名字 5. 朗读、背诵古诗《所见》

（二）一课一得，授之以鱼不如授之以渔

例如，小学语文三年级第一单元第三课《不懂就要问》，课文记叙了孙中山小时候在学习时请求先生讲解课文意思的一件事，介绍了他勇于提出问题，不懂就要问的认真学习的精神。

在教学设计时，根据教材内容和儿童认知规律，设置了“以读为主”的课堂教学模式，紧紧围绕“读”设计问题，使学生读有所感、读有所得。坚持以“启发式”教学理论为指导，充分调动学生的学习主动性。本篇课文在单元中起到让学生能初步了解略读课文的基本学习要求。能说出课文讲了一件什么

事，并简单地表达对这件事的看法。又因本文是一篇略读课文，主要放手让学生自己去读、去悟。教师重点引导学生对课文第三自然段进行体会，抓住重点句子，找出重点词，让学生感受孙中山为了弄懂学问不怕挨打的精神。

在本课中以质疑解疑的形式进行学习，如通过“请你找出重点词语，了解孙中山是怎样对待学习的”设问，让学生寻找重点词语，通过词语如“照例”“流利”“连连点头”“壮着胆子”说明孙中山读书态度认真、学业完成得极为出色，但他不满足已有的成绩，有进一步要求理解课文意思的愿望。

寻不离境，“得”指核心目标，核心目标往往承载语文核心素养，不把核心目标当成抽象的语文知识来学习，而是要基于语境，最后将其融化在语境中，引导学生进行学法的迁移。

语文核心素养的形成是学得、习得、练得，指向的都是语文核心目标，是落实减负的关键。任何核心目标的落实都不能抛弃具体的语言环境，一定要基于语言环境，通过语言环境，最后融入语言环境，即文辞语境、文体语境、文化语境。

三、路漫漫，吾将上下而求索

提高课堂教学实效性，是落实“双减”的基础：一是靠老师的教学经验与智慧。老师要充分备课，由上至下，从整体到局部，梳理教材内容，深挖教材横纵的联系点，最终建立主动、高效的学习课堂。二是积极调动学生学习的主动性和参与性，形成师生学习共同体。在教学过程中，学生是主体，老师是主导。学生是活生生的人，他们有思想、有活动，在课堂上只有把他们的主体作用发挥出来，让他们积极地参与教学过程，这样才能收到事半功倍的效果。要用心去体会和挖掘教材中所蕴含的丰富学习内容，以学生的实际情况为出发点，把学生引领到语文学习的语境中。相信他们一定能更好地融入我们的课堂教学中，从而增强课堂教学的实效。

减轻学生英语作业策略的研究

石雅坤

2021年7月24日，国家发布了《关于进一步减轻义务教育阶段学生作业负担和校外培训负担的意见》，该意见表示，当下义务教育阶段学生面临的课业负担太重，使得教育失去了原有的意义。在“双减”政策下，如何构建高效课堂，减少学生课业负担，已经成为各所中小学、各个中小学教师的重点工作内容。基于此，本文介绍了“双减”政策的内容，分析了构建高效课堂与减轻学生课业之间的关系，并提出几条“双减”政策下小学教师构建高效课堂减轻学生课业负担的有效途径。

一、“双减”政策的内容

“双减”政策的出台使得教育不再成为家庭的负担。具体来讲，“双减”政策包含两个方面的内容，分别为减轻义务教育阶段学生作业负担与减轻校外培训负担。“双减”政策的出台使得校外培训机构遭受重大创伤，学校也不得不加强对高效课堂的构建研究，以此减轻学生的课业负担。

二、构建高效课堂与减轻课业负担之间的关系

课业负担过重是全面推进素质教育的阻碍之一，如果学校给学生安排的课业负担较重，那么学生将被繁重的课业磨灭掉学习的兴趣，也没有更多的

精力对自己感兴趣的知识进行深入的学习。从学生的角度来讲，适当的课业可以达到巩固知识的作用，繁重的作业只会磨损学习动力，不利于下一步教育工作的有效进行。实践研究发现，构建高效课堂能够达到减轻学生课业负担的效果。主要表现为开展高效课堂可快速实现教学目标，学生在教师构建的高效课堂里，能够快速获取各学科知识，实现各科综合能力的快速提升。学生各科综合能力提升后，即可快速完成教师布置的课业。同时，高效课堂的构建要求教师要充分意识到学生课业负担重的问题，通过减少课业布置，改变课堂教学的方式。尽可能有效地通过构建高效课堂，在课堂上进行课业布置与讲解的方式，让学生在课堂上快速完成适量的课业，在课下进行身心放松，以劳逸结合的方式提升各科知识的学习效率。由此可见，高效课堂与减轻学生课业负担之间的关系密切，中小学各科教师要充分构建高效课堂，减轻学生的课业负担，助推学生的健康成长与全面发展。

三、“双减”政策下构建高效课堂减轻学生课业负担的途径

在“双减”政策背景下，学校要想减轻学生课业负担，提升教育教学质量，可通过构建高效课堂的方式来实现。本文提出了以下四条措施，帮助学校构建高效课堂，减轻学生的课业负担。

（一）科学备课助推高效课堂的构建，有效减轻学生学习负担

备课是各科教师教学工作顺利进行的基础，科学备课则是构建高效课堂的重要前提。因此，在开展课堂教学之前，教师要科学备课，通过制订教学实施计划、设置师生互动内容等方式，加快高效课堂的推进。“双减”政策下，国家要求学校要通过各种方式减轻学生课业负担。同时，新课改也对不同阶段的教学目标作出了具体的规定。在此背景下，中小学各科教师要充分结合教材内容，结合学生的学习情况，科学进行课前备课，设计整个课堂的教学步骤与

教学内容，争取构建有利于学生发展的高效课堂，达到提升学生综合素质，减轻学生课业负担的目的。例如，对于小学英语这一科目而言，英语教师可提前将要讲授的英语知识课件准备好，同时将教具、学习单等工具应用进来，帮助训练学生的听力与发音，助推学生英语能力的有效提升。

（二）加强师生互动构建和谐课堂，降低学生的课堂学习压力

师生互动是构建高效课堂的重要环节，通过师生互动的方式，不仅能够活跃气氛，还能加强教师对学生的了解，促使师生之间的关系更加融洽。同时，在“双减”政策下，要想减轻学生课业负担，可通过加强师生互动构建高效课堂的方式，为学生营造一个良好的学习氛围，使得学生快乐学习，从心理上减轻学生的学习负担，并通过实质性地减少学生课业的布置，减轻学生课业负担。在这个过程中，小学英语教师可对学生不明白或者表述有误的地方进行讲解与纠正，同时在课堂上讲解即将布置的课下作业，为学生提供做题思路，并避免布置太多作业，导致学生做不完而带回家进行进一步的写作与学习。通过加强师生互动构建高效课堂的方式，可达到降低学生课堂学习压力的效果，使得学生快乐地学习，快速提升各科知识水平，实现综合能力的有效增强。

（三）科学指导进行课堂德育教育，激发学生课堂参与积极性

德育教育是当前教育中的一大重点，进行德育教育不仅能够让学生明白学习知识的重要性，还能让学生明确了解到学生、师生之间的融洽关系是实现自身快速发展的基础。由此可见，对于中小学各科教师而言，德育教育依旧是构建高效课堂、提高课堂教学质量的重要途径。因此，中小学各科教师要加强对德育教育手段的使用，通过响应“双减”政策的号召、构建高效课堂的方式，达到减轻学生课业负担的效果。例如，在小学英语 We love animals 一课中，小学英语教师要将爱护动物、保护动物的思想传输给学生，并通过案例展示的方

式，让学生了解动物对人类的重要性。如此，可有效提升学生的德育素养，培养学生形成健康、善良的价值观和思想观，推动高效课堂的构建，应“双减”政策的要求减轻学生课业负担，并收到提高教师教学质量的良好效果。

（四）活用多种教学方法，减少作业布置减轻学生的课业负担

在“双减”政策背景下，教师要结合各科教学要求，对各种先进的教学方式进行使用，及时调整传统过时的教学方式，从根本上提升教学水平，减轻学生课业负担。比如，当下互联网技术发展迅速，中小学各科教师要充分意识到线上教学的重要作用，借助线上教学平台，在特殊时期进行教学，避免诸如疫情等的到来阻碍学科教学工作的继续进行。同时，当下媒体技术蓬勃发展，抖音、快手等短视频平台红遍大江南北，这在为广大群众提供了娱乐机会的同时，也为教师教学的更好开展提供了平台。

英语作业的设计是教学中的一个重要环节。从学习理论的角度来看，学生学习知识的过程可以分为四个阶段：选择、理解、维护和应用。学生掌握知识后，要保持和应用知识，这必须通过作业来实现。从教学的角度来看，作业不仅是教学效果的必要反馈形式，而且作业设计是课堂教学的延续和发展。

为了创造一个激发学生思维的教学环境，通过多种途径帮助学生获得知识，加快知识内化的进程，教师应该尽力营造一个知识内容、技能和学习策略丰富的环境。通过系统有效的作业设计，为学生提供大量的语言实践机会，使他们掌握实用的语言知识，能够灵活运用知识进行听、说、读、写等实践活动，将语言知识转化为实用的交际工具。

在教学中培养学生良好的学习习惯。让学生养成独立学习的良好习惯，并能按时完成学习任务。这样，学生的自尊和自信在教学中得到了充分发挥，能真正成为学习的主人。同时，要有效减轻学生的学业压力及心理负担，注重弹性、多样性、聆听、说话、阅读和写作，提高学生学习的兴趣、主动性、自主性和积极性，从而激发学生的学习兴趣，提高他们的英语水平。

总的来讲,“双减”政策要求中小学要采取切实措施减轻学生的课业负担。在此背景下，各学校要充分意识到减轻学生课业负担的重要意义，通过协助各科教师构建高效课堂的方式，减轻学生学习压力与课业负担，让学生健康成长、快乐学习，这样，不但能让学生得到综合能力的有效提升，还有助于学校整体教学水平的进一步提高。

四年级科普作品的阅读策略研究

徐　菁

一、开展阅读活动的意义

在小学阶段，统编小学语文教材有一个板块是“快乐读书吧”，其中推荐的图书都是具有高度标识性、有教学实践价值的文本。比如，四年级下册的“快乐读书吧”的主题“十万个为什么”，引导学生阅读科普作品，推荐的相关读物是对本册“科普”单元的拓展和延伸。如果教师能够把课内学的教学策略迁移到课外阅读中，一定能“得法于课内，得益于课外”。帮助学生通过阅读，了解更多的科学知识，从而产生探索科学世界的兴趣。同时也带动学生深入课外阅读，使课外阅读课程化。

教育家苏霍姆林斯基曾说：“无限相信书籍的教育力量，是我教育信念的一个信条。”他认为学校应该帮助孩子养成阅读的兴趣、阅读的能力和阅读的习惯。学校教育相当于母乳，母乳对于孩子的成长起着关键的作用。一个孩子如果仅仅看教科书、教辅书，他就会精神发育不良。所以，使学生变聪明的方法，不是补课，也不是增加作业量，而是阅读、阅读、再阅读。当读书多了，积累多了，慢慢也就培养了语感能力；当一个人的语感能力增强了，那么他们的记忆力和理解力也就得以提高。我国教育家、语言学家叶圣陶认为：“在课堂里教语文，最终达到不用教，使学生养成一种能力，不待老师教，自己能阅读……一边教，一边要逐步为不需要教打基础。打基础的办法，也就是想方设法引导他们在听讲的时候自觉动脑筋……”叶老的这番话就是让学生成为一名积极的阅读者，教师制定并教授阅读策略就能实现这一目标。

二、关于阅读策略的来源

阅读策略的形成来自认知心理学、阅读教学、课程评估理论占核心主流的“建构整合模式”理论，即“阅读=建构（从不同来源搜集信息）+整合（综合信息建构出整体的意义）”。第一，围绕学习主题，按“最邻近发展区”的要求建立概念框架。第二，进入情境，即将学生引入一定的问题情境。第三，独立探索，即让学生独立探索。探索内容包括：确定与给定概念有关的各种属性，并将各种属性按其重要性排列。由教师启发引导，然后让学生自己去分析；教师要适时提示，帮助学生沿概念框架逐步攀升。第四，协作学习，即进行小组协商、讨论。在共享集体思维成果的基础上达到对当前所学概念比较全面、正确的理解，最终完成对所学知识的意义建构。第五，效果评价，即对学习效果的评价。包括学生个人的自我评价和学习小组对个人的学习评价。评价内容包括：自主学习能力；对小组协作学习所作出的贡献；是否完成对所学知识的意义建构，从而达到学生主动阅读的目的。

三、《十万个为什么》科普读物阅读策略的实施

下面是以四年级下册推荐书目《十万个为什么》为例制定的相关阅读策略。

《十万个为什么》分析及策略运用			
文本分析	文体	内容梗概	讲述对象
	说明文	苏联作家米·伊林的《十万个为什么》从“房间旅行记”“灯的故事”“时钟的故事”“书的故事”四个方面为我们揭示与生活相关的一些科学知识	生活及自然现象
主要策略	确认重要信息策略（厘清结构）		
学情分析	学生以前接触过，但并未深入学过此策略		
教学目标			
认知目标	了解非虚构类读物的文本结构		
技能目标	1. 学会根据关键词，厘清文本结构 2. 学会提取主要观点，复述非虚构类书籍的内容		
情感目标	1. 能产生阅读苏联作家米·伊林的《十万个为什么》、中国的《十万个为什么》《灰尘的旅行——中国科普作品精选》等的兴趣，并自助规划阅读 2. 能感受科普作品的快乐，乐于与大家分享课外阅读的成果		
教学流程	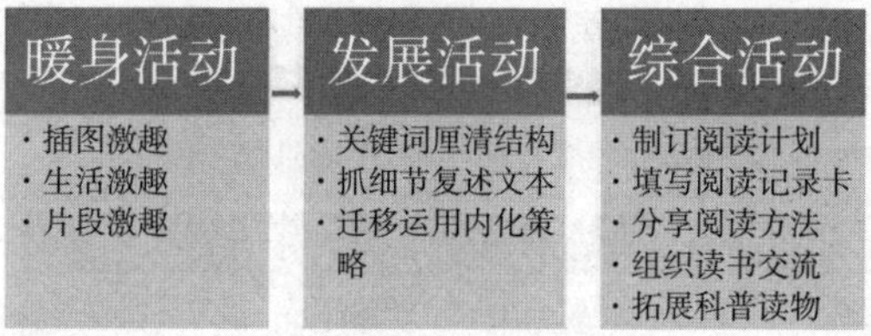		
教学过程			
阶段	具体实施		教学意图
第一板块：暖身活动（激趣）			
通过日常生活激趣	1. 提问：为什么铁会生锈？为什么面包会发硬？为什么水能带走脏东西 2. 揭示书名：这些问题《十万个为什么》能告诉你答案		激发学生的阅读兴趣
借助插图、题目激趣	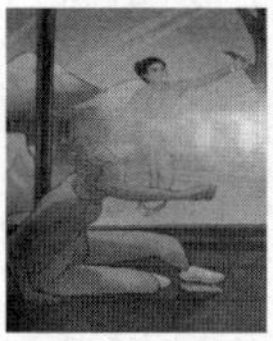 图片中画的是什么 你们想不想了解与这些图片相关的知识		通过插图建立与文本的联系
借助作品中的片段激趣	读一读，书中描写时钟的片段，发现了哪些有趣的现象？哪些描写很有趣？试着做批注 我们小时候都觉得，钟表是个活物件。听到嘀嗒嘀嗒的声音时，我们以为，这是钟表小心脏跳动的声音。打开表盖后，看到那么多大大小小的齿轮在运动，我们的眼睛都不够用了。这里面简直就像个大工厂！那些齿轮忙忙碌碌地干着活儿，就为了让时针和分针，这两个小懒蛋动起来。乍看上去，这俩家伙还真不愿意动弹呢！所有工厂都有蒸汽机、柴油机类的发动机，它能使全厂的机器运转起来。时钟里也必须有这样的发动机，因为时钟自己不能动，它不是活的		赏析有趣的片段，感受说明文写法的趣味性，了解相关知识

<table>
<tr><th colspan="3">第二板块：发展活动（了解文本结构）</th></tr>
<tr><td>找关键词，了解文本结构</td><td>1. 了解非虚构类文本的五种类型：说明描述类、时间顺序类、对比类、原因结果类、问题与解决方案类。可以通过相应的图表来表示
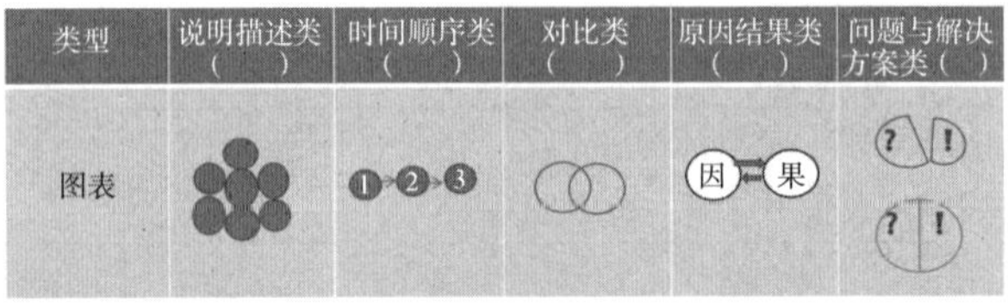

2. 教师示范：第一，阅读《人为什么要喝水》章节，寻找关键词句。第二，提取在提示文本中起关键作用的句子：a. 因为离开水人没法活；b. 之所以没法活，是因为身体时刻都在消耗水，所以需要不断补充水分才行；c. 人一天大约要消耗十二杯水，要喝下同样数量的水才行；d. 水是构成人体的主要物质。第三，交流关键词语："原因、因为、所以、之所以……是因为"弄清这些句子解决了"人为什么要喝水"，判断出这篇文章属于原因结果类。第四，指导填写策略单
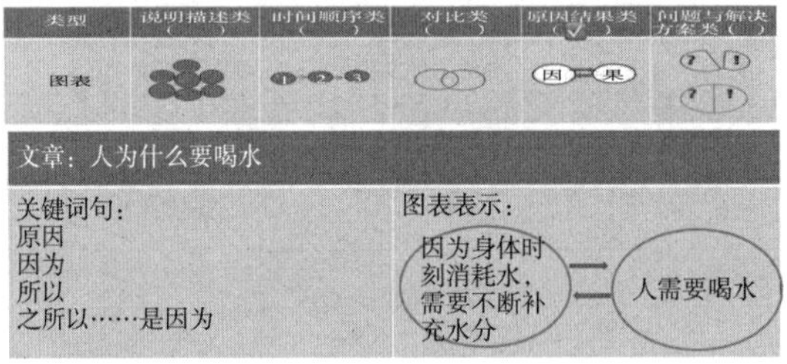

3. 师生合作《完成瓷器的秘密》，先指导阅读找出关键词，得出结论属于说明描述类，填写策略单
4. 小结：通过阅读文本圈画关键词，绘制表格的方法可以快速厘清文本结构</td><td>不仅了解了非虚构类文本的五种结构，而且学会了提取关键词句、绘制关系图、分析文本结构，教师由引导学生学，到放手让学生掌握阅读的基本方法</td></tr>
<tr><td>抓住细节，复述文本内容</td><td>1. 如果你要把从书中看到的知识，清楚地讲给他人有什么好办法？
2. 交流归纳出复述策略，以策略单的形式呈现

3. 选择一篇文章，寻找体现话题、主要观点、支持观点的细节等方面的关键词句填入策略单；学生根据策略单尝试复述文本主要内容，教师、学生补充评价
4. 总结：复述非虚构类文本内容的方法分为两步：第一步是提炼文本的话题、主要观点与支持观点的细节；第二步是梳理文本结构</td><td>学会分析非虚构类文本的结构，并复述内容</td></tr>
</table>

<table>
<tr><th colspan="5">第二板块：发展活动（了解文本结构）</th></tr>
<tr><td>迁移运用，内化策略</td><td colspan="3">小组合作完成：
1. 阅读《穿三件衬衣暖和，还是穿一件相当于三件衬衣厚的衣服暖和》提炼出关键词句
2. 小组合作，确定文本结构，尝试独立复述文本内容。填写策略单
3. 汇报成果</td><td>学以致用，迁移所学</td></tr>
<tr><th colspan="5">第三板块：综合活动</th></tr>
<tr><td rowspan="5">制订阅读计划</td><td>内容</td><td>页码</td><td>时间</td><td rowspan="5">围绕每个故事，确定每天的阅读时间和完成内容，制订合理的阅读计划</td></tr>
<tr><td>房间旅行记</td><td></td><td></td></tr>
<tr><td>时钟的故事</td><td></td><td></td></tr>
<tr><td>灯的故事</td><td></td><td></td></tr>
<tr><td>书的故事</td><td></td><td></td></tr>
<tr><td rowspan="3">填写阅读记录卡</td><td>问题清单</td><td colspan="2">简单明了的解答</td><td rowspan="3">结合文本特点：科普知识以问题呈现，寻找主要问题，再提取关键语句</td></tr>
<tr><td></td><td colspan="2"></td></tr>
<tr><td></td><td colspan="2"></td></tr>
<tr><td>分享阅读方法</td><td colspan="3">1. 运用查资料、结合注释、结合插图等方法了解科学术语，也可以把其他好的方法介绍给大家
2. 自己先完成，然后小组交流，根据关键词，厘清文本结构，最后复述课文</td><td>汇集学生不同的阅读方法，巩固所学</td></tr>
<tr><td>组织读书交流</td><td colspan="3">通过多样的形式组织丰富多样的读书活动：制作科学小报、组织科普竞赛、科普讲座、参观科技馆等</td><td>运用不同形式展示分享读书收获</td></tr>
<tr><td>拓展延伸</td><td colspan="3">运用本课学到的方法自主阅读《人类起源的演化过程》《灰尘的旅行》《看看我们的地球》</td><td>以一带多，巩固运用</td></tr>
</table>

四、学习效果的评价

《十万个为什么》学习效果评价表	
评价内容	星级
自主学习能力	★★★
对小组协作学习所作出的贡献	★★★
是否完成对所学知识的意义建构	★★★

小学道德与法治教学点滴谈

李晓晨

一、前言

时代的飞速发展对人才提出的要求越来越高，学校的每门课程教学都承担着促进学生全面发展的重要职责。小学生正处于快速发展时期，是非辨别能力不够成熟，这就需要我们教师对他们因势利导、循循善诱，使学生能够具备良好的“三观”，形成良好的道德情操。小学道德与法治课程教学承担着非常重要的教学任务，教师在具体的教学中要结合小学生的现实情况和接受能力，使用多元化的教学方法培养他们的核心素养，使学生从道德与法治这门课程中学有所获，提升道德品质。教师结合自己的工作经验，提出几点加强小学道德与法治课程教学的具体做法，以供同行参考。

二、小学道德与法治教学的具体操作

（一）构建和谐的师生关系

自古以来，教师都承担着教书育人的重要职责，担负着引导学生全面发展的重要任务。正所谓“亲其师，信其道”，教师要与学生构建和谐的关系，才能使学生心甘情愿地接受教育，获得应有的知识与技能。教师在课堂教学中还要为学生营造和谐的氛围，让学生感受到学习的趣味性和实用性。课堂上，教师应改变单一的以“教”为主的教学模式，应该多与小学生进行互动，多启发小学生，引导他们积极踊跃发言，使课堂气氛更热烈，最好能充满小学生的欢声笑语。小学生有着独特的心理特点，有着各自的兴趣爱好，尊重小学生的个体差异，给予小学生以课堂表达的自由，使道德与法治课堂也能更贴近小学生，更能激发起小学生对这门课程的兴趣，为课堂的高效展开营造良好的氛围。试想一下，如果小学道德与法治课堂气氛紧张，教师一脸严肃、面无表情地看着学生，怎么可能给学生带来愉悦的体验？学生更不可能积极主动地发言。鉴于此，教师在课堂教学中首先要端正自己的姿态，要成为学生的朋友，为学生营造轻松、愉悦、宽松的教学氛围，使学生减轻心理压力。现代教育理论也明确指出学生是课堂的主人，在教学过程中，教师要尊重学生的主体性，在让学生回答问题时，可以带上“请”这个字，或者多用商量的语气来表达自己的看法，这样可以让学生感受到教师对自己的期望。当学生回答问题时，教师不要盲目打断学生的发言。就算学生回答错误，教师也不能直接批评他们，而是要找到他们的闪光点。比如和蔼地对学生说：“虽然你的回答离正确答案有点遥远，但是你能主动举手回答我的问题，说明你非常有勇气，我还是要表扬你，希望你以后继续积极主动地发言。老师相信你下一次会做得更好。”又如可以对学生说：“老师听到你的回答，就知道你已经开始动脑筋思考了。这是非常不错的，继续保持。”这样的话语可以保护学生的自尊心，让他们缓解紧张情绪，帮助他们树立学习自信心，这对促进他们积极主动地参与课堂教学是大有裨益的。

（二）结合社会形势实施教学

多年来，由于人类对大自然掠夺性地开发和利用，导致空气污染、噪声污染、水源污染现象越来越严重，恶化的环境越来越不适宜人类的生存了。因而环保问题日益被人们重视。小学生年纪尚小，应该从小就培养他们的环保意识，小学道德与法治课程教学中也有关于“绿色小卫士”的课程内容，旨在培养学生的生态环保意识，所以教师要结合社会形势开展相关教学。如今，全国都在兴起“垃圾分类工程”，旨在保护生态环境，建设和谐家园。我们教师可以在小学道德与法治课程教学中对学生实施垃圾分类教育，使学生能够了解垃圾分类，树立热爱大自然的情感。采取的做法如下。

一是在角色扮演活动中掌握垃圾分类知识。角色游戏是小学生喜闻乐见的游戏活动，让小学生通过扮演特定角色了解相关知识与技能。在开展垃圾分类教育时，教师在班级中为小学生组织了“我是垃圾回收员”的角色游戏。教师先为学生提供一些常见的垃圾，比如饮料瓶、鸡蛋壳、废旧杂志、鱼骨头等。孩子们背上垃圾回收筐，在活动中捡垃圾，并注意将这些垃圾放置在不同的对应筐中。这样的角色游戏使小学生真正感受到自己作为一个垃圾回收员的职责，加强他们的情感体验。

二是在游戏氛围中讲解相关知识。学校在教室中为孩子们投放多种材料，比如鸡蛋壳、纸盒、饮料罐、吸管等，然后开展知识竞答，指出一个垃圾，让孩子们抢答这是可回收垃圾还是不可回收垃圾。在这样的竞赛氛围中，孩子们纷纷开动自己的脑筋，回想课堂上学过的知识，加深他们的印象。学校还运用多媒体课件在屏幕上为小学生展示一些不容易带到课堂上的垃圾，让小学生进行知识竞答。

通过上述活动，学生能够了解垃圾分类的相关知识，了解垃圾分类的重要性，从而在活动中自觉形成垃圾分类的意识，自觉成为绿色小卫士。

（三）创新教育方式，通过多元教学方法提高小学生课堂参与水平

1.采取多元教学方法

采取故事教学法，在课堂导入环节，通过教师或学生分享故事的形式，导入课堂教学的内容。比如安排学生讲一讲“假期的收获”，小学生们畅所欲言，将假期在社会上观察到的现象、自己旅游的经历或者是与家人在一起的快乐时光等分享给同伴。教师加以点评，同时引入课堂教学的内容，使小学生们

真正地对课堂产生兴趣，激发起课堂的热烈气氛，也能为即将展开的课堂教学奠定良好基础。

采用游戏教学法，以角色扮演的方式，安排小学生完成《上学路上》的一课。学生们分别扮演上学路上不同的人物，设置多个场景，将小学生熟悉的上学场景以“表演”的方式呈现出来。在此基础上，教师引导小学生思考，掌握基本的“交通规则”，帮助小学生发现生活中的“真善美”与“正能量”。

结合教学的内容进行情景模拟，在特定的场景里，由学生们模拟各种“道德”的或者是“不道德”的行为，教师引导小学生进行分辨。这种有趣的方式，不仅能够加深小学生对道德行为的印象，也能充分地调动起小学生参与课堂的积极性，从而实现课堂的高效。

2.依托节假日展开教学

充分利用节日，组织多种活动，加深学生对知识的理解。比如利用教师节，组织“感恩老师”的教师节活动，使学生在课堂上畅所欲言地表达对教师工作的认可与努力，培养学生尊师重道的思想观念；利用重阳节，带领学生一起欣赏社会上典型的“敬老爱老”的视频集锦，使小学生理解什么是正确的敬老行为，进而在家庭中、在社会上能够做到尊老爱幼；国庆节，在课堂上观看天安门升国旗仪式，使小学生产生浓浓的国家与民族自豪感，帮助小学生树立爱国的基本观念。

（四）实施多元化评价

不管什么教学活动，都离不开行之有效的教学评价。教育旨在培养学生的学习能力、学习素养，让学生学会做人、求知、办事、健体，这样才能为他们的日后发展奠定良好的基础，所以教师在进行教学评价时要以促进学生的全面发展为核心建立发展性评价观。在教学中可采取以下几种评价方式：

一是采取观察法，包括课堂观察和课下观察，从学生的课堂学习热情、思维灵敏度、交流能力、小组合作能力、知识掌握程度来判断学生的情况。教师可利用下课前的5分钟对学生的学习情况进行一个简单的总结，表扬那些勇于回答问题的学生、乐于参与小组讨论的学生、思维独特的学生，以此激发学生的成就感。除了教师评价，还可以让学生评价自己在本节课上的表现，以此使学生查缺补漏，改进不足。

二是采用鉴定卡。这属于学生自评。学生是课堂的主人，让他们对自己的学习进行评价，也可以激励他们乐于参与课堂教学。为每个学生发放鉴定卡，在每节课结束之后让学生写出当天要掌握的重难点知识、自己表现最好的地方以及需要加强的地方等，这样一来，学生在书写过程中能够进一步定位自己的发展程度。在学期结束之后，教师可收集学生的鉴定卡评判，让学生看到自己在一学期中的发展变化。

三、结束语

总而言之，教学无法、贵在得法，我们教师在教学过程中要使用多元化的教学方法来培养学生对道德与法治这门课程教学的兴趣，使他们主动参与课堂教学，从而发展核心素养，实现全面发展。在日后的教学过程中，教师还应探索更多的改进小学道德与法治课程教学的具体措施，促进学生茁壮成长。

小学体育课学生不良行为特征及策略

李　诺

根据课堂观察统计、教学经验与相关文献的查阅，发现由于小学生心理主观因素以及体育课所在环境的客观因素，导致小学生在体育课堂中出现不良行为的现象较为普遍。如何避免主客观因素带来的影响，让所有的学生体会到运动的乐趣，是当今体育教师共同面临的问题。为此，通过分析学生在体育课堂中的以下几点不良行为，能够更好地培养学生终身体育锻炼的意识，让体育教师更好地投入课堂教学中，提高体育课堂教学质量。

一、不良行为的特征及原因

（一）体育课堂中学生不良行为的表现特征

体育课中学生有出怪声、随意讲话、与同学争吵、学教师讲话、接老师话茬儿、东张西望、趁老师不备偷懒、拒绝与他人合作、无视游戏规则、争抢破坏体育器材、与同学发生肢体冲突、擅自离队等不良的表现，其中最为常见的是课上走神、出怪声、交头接耳、学老师讲话、接话茬儿、相互推撞打闹。

（二）体育课堂中学生不良行为的原因

要想减少体育课堂中的不良行为，体育教师一定要知道是什么原因导致不良行为的产生。体育课堂中学生不良行为产生的最常见的原因有三种：一是想要引起关注；二是自身不愉快情绪的宣泄；三是因锻炼产生的抵触情绪。

二、常见不良行为的策略

（一）引起关注

为了引起关注，学生往往会出现比如出怪声、学教师讲话、接话茬儿等行为。在对课堂影响较小的情况下，教师直接斥责只会强化学生继续这种不良行为，并且在无意间放大了课堂中这种突兀的声音。对于这类不良行为的解决方法就是尽量先忽视他们，同时鼓励和表扬那些表现好的学生。出现不良行为的学生随即会在心中衡量教师对此举动的态度，能较有效地处理这样的不良行为。

对课堂影响较大的情况诸如：一个学生将红领巾绑在头上做怪脸引起全班同学哄堂大笑，教师可以采用以下两种方法。一是请哗众取宠者从队伍中出去以转移其他同学注意力，课堂照常进行，当他改正自己的行为后，再报告入列。二是可以使用奖励机制——先锋卡（先锋卡可以在学期末兑换奖品），对于没有支持和起哄且阻止他这种行为的同学给予奖励，消除其他同学对不良行为的支持。

（二）自身不愉快情绪的宣泄

不良行为第二种类型的表现是在课堂中出现烦闷情绪、乏味及不愉快等。学生每个学段都有不同的心理特点，在课堂中学生产生的不良情绪归根结底是有原因的。有的学生性格胆怯，不爱主动与老师交流，因为同学之间有些小矛盾导致闷闷不乐，或是一些身体原因导致上课走神、情绪不高，严重些会出现看似无故推搡的情况。教师发现这种现象后第一时间应该以提醒为主，如果没有得到改善可以找机会细心询问学生是否身体有恙，或是了解其内心的烦恼，学生得到教师关心后情绪大概会有所好转，从而跟上课堂的节奏。

（三）因锻炼产生的抵触情绪

1.不自信，对体育的认识不够深刻

在课堂中教师发现，那些在体育活动中没有任何好的运动体验的学生把体育课看作是烦闷、受挫折、疲惫的，他们会频繁请求上洗手间，或是一点较轻的伤病就想见习，这可能是因为体育课堂活动内容会使他们感到挫败和焦虑。更有严重者在自己做得不好时，总是认为同学会嘲笑他，时间久了自己就放弃了努力。

出现这种情况时，老师可以使用难度适中的分组合作锻炼的方式，让学生体会到2人或3人合作锻炼时自己是不可缺少的一部分，这样会使学生增强课堂参与的积极性，帮助学生获得运动的满足感和成功的喜悦感，从而消除因挫折与自卑而引起的行为问题。

体育课堂中的赞扬对大多数学生都很有效，但对运动技能和身体素质较差的学生可能无效。如果给他们提供特殊的锻炼帮助与细心的指导，他们的不良行为可能就会消失，他们也能在自身素质基础的水平上体验到一次次的成功。

2.过于自信，轻视老师布置的任务

在进行课堂游戏时，高年级的个别学生会产生厌恶游戏的心理，认为体育游戏是幼稚的、无聊的，这样的学生会出现拒绝与他人合作、情绪不高涨、趁老师不注意偷懒等行为。教师面对这样的情况应该首先跟学生讲清楚做这个游戏的目的，例如，增强体力，提高观察能力，锻炼四肢协调能力，提高跑步速度。当教师把游戏的益处告诉学生后，学生自己就会作一个正确的判断。但如果还是没能说服该学生，老师可以对学生说："我们今天先一起高高兴兴地做这个游戏，但老师想给你一个小任务，找到一个你认为比这个游戏成熟且有锻炼意义的游戏，下节课给大家介绍一下游戏方法和规则，到时我们一起看看你找到的游戏适不适合同学们。”这样一来，这位同学感受到老师重视了他的想法，之后也许会更愿意配合老师一起完成既定课堂目标。

三、案例分析

在学生出现不良行为时，教师必须给予及时而必要的处理。下面通过案例结合具体原因分析，分享几个处理体育课堂中不良行为的方法。

案例1：态度散漫，不按教师指令活动

小骏是二年级的一名男生，在体育课上容易注意力不集中、思想跟不上、动作缓慢、频繁要求去卫生间，有时会蹲下或自己坐在地上休息。经常如此，其他学生总是会关注他上课时在做什么异样的举动，吸引了很多同学的注意力。课余教师主动询问小骏，了解到他运动和跑步的时候感觉很累，所以经常跟不上节奏，同学笑话他让他觉得很丢人，于是更不想参与运动。为了改变这样的局面，首先教师从他身边的同学抓起，教育同学们要团结，见到同学有困难时要学会主动帮助，请同学和他搭伴跑步。同时在早上跑操时教师也会陪他一起跑，在他觉得自己坚持不了的时候再多给他鼓鼓劲儿，教他迈大步追上队伍，教师还告诉他“只有自信的自己做事情才会更有力量，有力量就离成功更近一步”。后来他集合时的站姿都变得挺拔了，我能感觉到队伍里有一个极其突出的认真的眼神在看着老师讲话，散漫、拒绝运动的现象已经从他身上悄悄地离开了。

案例2：破坏游戏规则、与同学之间发生肢体冲突、擅自离队攻击他人等体育课堂中的突发情况的干预策略

在体育课上最令教师头疼的就是同学之间发生肢体冲突了，处理此类问题既不能强硬专制，也不能优柔寡断，教师必须具备良好的心理承受能力和解决突发情况的能力。

有一次体育课要用到沙包，其中有竞速取沙包的环节，小铭在跑动取沙包时没有磊磊跑得快，于是小铭在磊磊即将拿起沙包的时候用全力冲向了磊磊，随后双方在争抢的过程中打了起来。两人情绪非常激动，这时教师应在第一时间先将沙包收回来并阻止两人扭打，随后关心磊磊被撞的情况，请他们平复一下心情。

接着先面向小铭（因小铭一向情绪容易激动，有相关病症在身），对小铭讲："老师看到事情经过了，我认为你肯定是刚才一时激动没有预想到冲劲很大才撞倒了磊磊，你说对吗？"小铭撞磊磊时应该已经准备好接受老师批评了，但这时老师没有直接对小铭进行严厉批评，而是给小铭一个机会，这会使小铭很快就认识到刚才的行为过于冲动。简单说服后，教师让小铭先到一旁休息。

随即拍一拍磊磊的肩膀对他进行安慰，磊磊听到老师刚才对小铭的处理后，多少会对老师的做法有些意见，他认为有人打了自己就要以牙还牙。教师在这之前了解过磊磊在校外一直学习武术，于是对磊磊说："老师知道磊磊一直在学习武术，那你应该知道武术的精神是什么，在于礼和义对吗？"刚听我说完这句话磊磊就立刻深深地点头表示认可，这样说到对方的擅长时能够拉近老师跟他之间的距离。最后教师将小铭也喊了过来，两人互相诚恳地道了歉，此事得到了较好的解决。

在体育课中，对于不良行为的出现教师对不同的学生采取了不同的处理方式，态度语气平和，在处理极端问题的过程中没有给学生强制的感觉，成功有效地避免了问题的加剧，并走进学生内心，从而改变了学生的想法。总之，体育课上有时需要教师要有威严所在，在教学过程中不断积累归纳，能在最短的时间内处理好课堂上出现的不良行为，更好地完成每一堂课。

小学体育足球教学之趣味教学策略

陈祖强

一、小学体育足球趣味教学内涵分析

在当前小学体育足球教学中，受到多种因素的影响，教师在开展教学中，基本上都是采用“放羊式”“圈羊式”“训练式”的课堂教学模式，以致学生学习兴趣不高，未达到足球教学的预期目的。据此，教师必须要改变传统的课堂教学模式，充分借助趣味教学法，调动学生学习的积极性。

所谓的趣味性教学模式主要是指在具体的小学足球教学中，切实结合小学生的年龄特点、教学任务和教学内容等，借助多种有趣的教学方法和教学手段，组织学生在趣味性极高的氛围中，积极主动参与足球学习，并在这一过程中，逐渐达到预期的教学目标。与传统的足球教学模式相比，在有趣味性的足球教学模式下，不仅能促使学生认识到足球学习的快乐，并且能促使学生在足球的学习中获得一定的运动体验，最大限度地调动学生的学习积极性，促使学生逐渐形成良好的锻炼习惯、锻炼意识等。趣味教学模式不仅吸引了学生的注意力，也使得学生在不知不觉中完成了相应的练习；不仅帮助学生熟练地掌握了一定的足球运动技能，也在很大程度上增强了学生的身体素质，实现了足球教学的最终目的。

二、小学体育足球教学中的趣味教学策略分析

（一）激发学生的足球学习兴趣

从心理学的角度进行分析，只有激发学生的好奇心，才能促使学生产生对新事物进行探索的欲望。因此，在小学足球教学中，为了让学生感受到足球学习的乐趣，必须要采取有效的措施，全面激发学生的足球学习兴趣。例如，在开展足球教学之前，可以给小学生讲一些足球明星的故事，并借助小学生喜欢听故事的心理，调动学生的好奇心，引导学生积极主动参与其中。同时，在激发学生的足球学习兴趣的时候，教师还可以借助幽默的语言，将相关的小故事等穿插在足球知识与足球技能教学中，给学生营造一个良好的足球学习环境，进而促使学生积极主动参与足球学习。

（二）借助游戏提升足球教学的趣味性

就小学生这一特殊群体来说，喜欢游戏是其天性。因此，教师在开展趣味教学的时候，必须要充分借助游戏教学模式，充分利用游戏的趣味性，调动学生学习的积极性，并全面提升足球教学的教学效率。例如，在“足球控球”教学中，教师充分借助了游戏教学模式：把6个足球放在中间的呼啦圈中，四周各放1个呼啦圈，摆成一个正方形。当游戏开始时，每组出一人到中间的呼啦圈内抢球，每次只能抢一个球，带到本组的呼啦圈内，也可以跑到其他组去抢球，哪一组最先抢到3个球为胜。本游戏，学生可以用手去抱球，也可以用脚去运球，还可以同组队员依次进行游戏。在这样一种游戏化的教学模式下，充分激发了学生对足球运动的热情，促使学生积极主动参与足球学习。

（三）借助音乐开展训练，提升趣味性

音乐具有极强的魅力，可有效感染学生的心情。在传统的小学足球教学

模式下，学生在训练的过程中常常出现学习枯燥、乏味的现象，导致学生学习积极性不高。基于此，教师在开展足球教学过程中，可以借助音乐的魅力，将一些节奏感非常强烈的音乐与足球教学进行有效结合，如在足球的技能训练中，就可以将爵士乐、兔子舞等节奏感比较强的音乐融入其中，促使学生在动感的音乐节奏中，积极参与足球训练。而学生在完成高强度的训练之后，教师就可以切换音乐，借助舒缓的音乐，使学生身体放松、心情变得更加平静。如此一来，在音乐融合的教学模式下，最大限度地激发了学生的足球学习兴趣，提升了足球课堂的趣味性。

（四）组织足球竞赛，点燃学生运动热情

教师在开展小学足球教学的过程中，为了最大限度地激活课堂，激发学生对足球运动的热情，就可以充分借助竞赛的形式，引导学生在足球竞赛中证明自己的实力、获得教师和同龄人的欣赏，进而全面提升学生的参与热情。同时，就竞赛这一教学形式来说，也与小学生天性、心理活动特点等相适应，可促使学生在激烈的竞赛中获得最大限度的满足。例如，在具体的足球教学中，就可以借助运球接力赛的形式，将全体学生划分为几个小组，以小组的形式展开竞赛。如此一来，学生在竞赛的过程中，能发挥最佳的水平，并在竞赛过程中，提升合作能力、竞技精神等。

（五）实施激励性教学评价，提升学生学习自信心

在足球课堂教学中，教学评价尤为重要，这直接影响了教学的时效性。因此，在趣味性的足球教学模式下，教师必须要改变传统的足球学习评价模式，不仅仅关注学生的学习结果，还要充分借助群体横向、个体纵向相结合的形式，引导学生与自己进行对比，使其感受到自己的进步，进而激发学生的足球学习积极性。同时，在对学生进行教学评价的时候，还必须要增加鼓励性语

言的运用，借助有效鼓励、肯定等，不断提升学生的学习兴趣，真正实现足球教学的趣味性。

三、结语

综上所述，鉴于当前小学足球教学中存在的问题，教师在课堂教学中，必须要结合小学生的年龄特点、教学任务等，通过穿插故事、游戏教学、音乐训练、足球竞赛、激励性教学评价等，不断提升足球教学的趣味性，进而全面提升足球课堂教学的水平。

浅析古诗词教学的方法

史　婷

中华民族的文化博大精深，古诗词一直是历代学者研究的重要内容，它更是我国文化宝库中最珍贵的瑰宝之一，甚至新课标也对小学古诗词的学习提出了相应要求。然而，近年来，越来越多的小学生对古诗词的学习只停留在背诵阶段，古诗词逐渐淡出人们的生活，对于低龄段的学生来说更是知之甚少。就目前来说，课堂教学是提高学生对古诗词审美、鉴赏能力的有效途径之一。李白、杜甫是盛唐诗坛上的两位巨人，他们的诗歌在小学语文古诗词中占有一席之地，本文主要从他们的诗歌创作特色、诗歌风格等方面来浅析相应的教学方法。

一、古诗词在小学语文教学中的重要性

首先，古诗词经过历史的重重考验才得以延续至今，它对于我们民族来说极为重要，它是我们民族特色、民族精神的代表，对人们的思想、行动、文化都有一定的指导意义。其次，儿童的思想和意识还正处于发展的阶段，所以他们所面对的社会文化对其思想和意识的形成极其重要。开展古诗词教学活动，对于激发学生爱国情怀、增长知识，以及陶冶情操十分重要。最后，随着科学的高速发展，人们的生活节奏越来越快，各种新型科技、现代科学技术等对国家历史及传统有很大冲击，人们对传统文化的精髓了解得越来越少，所以保护我国传统文化有着非同一般的意义。

二、目前小学古诗词教学现状

目前，古诗词教学很多只停留在注重于诗词文字的背诵和浅显的翻译上，孩子们的鉴赏能力非常薄弱。诗词更多表现的是作者当时的生活状况和情感寄托，呈现出的往往是一种意境美和画面美。诗歌的语言凝练，包含的内容更是丰富多彩，所以教师不能一味地分析诗歌。而且很多人认为学生能够背诵出大量的古诗词是非常不错的，甚至学生自己也会引以为豪。一首著名的诗歌，学生往往能够倒背如流，但对诗歌意蕴的理解非常生疏、麻木。这不是我们教授学生学习诗歌的意义。例如，李白的《望庐山瀑布》中“日照香炉生紫烟”中的“紫烟”是什么意思？真的是紫色的烟吗？人们常常说“灯下黑”，越是熟悉、常见的，大家越是容易产生审美疲劳，学生更是无法真正熟悉它的美。所以学习诗歌绝不仅仅是要倒背如流，我们应培养学生的鉴赏能力，既注重知识，又注重审美，让孩子们真真切切地体会到诗词的美，为之感动、因之奋发。

三、古诗词教学中的方法

（一）与诗人产生情感共鸣

教师在讲古诗词前可以利用很多素材来引导学生认识或了解作者当时的写作背景、性格、人生经历和追求，让学生与诗人产生共鸣，真切地感受到诗人所传达的情感与意义。目前，很多教师选择“灌输”的方式对学生讲述作者当时的写作背景和人生经历，并没有很好地利用身边素材，更没有追本溯源。就李白诗歌教学举例，他的诗歌创作主要用浪漫主义的手法，往往是超越现实生活的。李白丰富的想象、夸张的表现模式体现了其浪漫主义的风格。例如，“飞流直下三千尺，疑是银河落九天”，以及他的《远别离》《梁甫吟》等都是运用神话传说和幻想的形式来表现自己的思想感情。在教学时，我们可以向学生出示景物图片让学生进行观察，从而对比看出李白诗歌大胆、夸张的创作手法。再挖掘可利用的神话故事、人物经历等，从而和作者建立情感联系，了解诗歌真正所表达的意思。李白一生非常推崇屈原，继承了屈原的浪漫主义精神并加以丰富和拓展，所以诗歌也形成了一种雄奇飘逸的风格。学生与诗人产生情感共鸣，自然而然会爱上学古诗，也能让他们对作者想表达的内容体会得更加深入与真切。

（二）诗歌、诗人进行对比教学

李白的诗歌创作更多表现出理想的追求，充满着积极进取的精神。他的诗歌有“大鹏一日同风起”的豪迈气势。他笔下的黄河景象十分壮观，“黄河西来决昆仑，咆哮万里触龙门”(《公无渡河》)，“君不见黄河之水天上来，奔流到海不复回”(《将进酒》)。他笔下的蜀道之险，天姥之高都那么雄伟壮观，气势都是那么的豪放。教学时可将作者部分诗歌进行比较，就不难让学生感知到李白一生崇道行侠、豪爽的个性。 杜甫则出生于一个世代奉儒的家庭，性格深沉而学力笃厚，再加上自己一生郁郁不得志，使他有博大的圣人情怀和济世救民的执着。他的诗歌气势雄浑，在他的笔下山水都是悲、凉、寒的，如《登高》中的“无边落木萧萧下，不尽长江滚滚来”。在他笔下花鸟都会伤感，如《春望》中的“国破山河在，城春草木深。感时花溅泪，恨别鸟惊心”。杜甫的诗歌沉郁顿挫，同样是登岳阳、游洞庭，李白是豪言壮语，把君山铲却，让洞庭水不受阻碍地流；而杜甫却是感慨流涕，家人飘零，战争未息，国与家皆不稳，对此痛哭流涕。“亲朋无一字，老病有孤舟。戎马关山北，凭轩涕泗流。”诗人激切奔越、浓郁深沉的思想感情，都自然地融汇在全诗的始终。纵览杜甫的诗，也能让学生了解杜甫的创作风格，从而感知作者。再者可将不同诗人的诗歌进行比较，也能对诗人有深刻的认识。

（三）利用意向进行教学

袁行霈先生认为，在建立自己独特的意象群方面，李白和杜甫都是能手。所以在教学中抓住诗人独特的意象，有助于学生更好地了解作者和诗歌。飘逸与沉郁这两种不同的风格，突出地表现在不同的意象群中。李白的诗，意象宏大而又神奇。他一般不对现实生活过多、过细地描绘，而是通过从大方面来观照事物，从高处来俯瞰，通过历史、神话、梦境和大自然景物，展开自己奇特的想象，构成一幅惊心动魄的画面，表现自己的感情。如“青云”“海日”“五岳”等，展示出了一个宏伟的神仙世界。李白性格比较纯真，洒脱不羁，又有老庄的浪漫主义情怀，所以在他的诗歌中我们会看到大鹏、凤凰，奔腾咆哮的黄河、长江，高出天外的山峰、飞泻直下的瀑布，青山明月以及仙境醉乡等，如“大鹏一日同风起，扶摇直上九万里”等。这些都表现出超凡的感觉，也曲折而又委婉地表现了李白冲决束缚、追求自由的热情，可以看出他放荡不羁、飘逸不群的风格。

杜甫是按照生活本身来塑造意象。他伤时忧国的情怀借着客观物象表现出来。如战争给人民带来的沉重灾害，杜甫将其按照本来的面貌融入了他的诗中，形成带有浓厚忧郁色彩的意象，如瘦马、病橘等，“在这些被损害与被遗弃的生物身上，杜甫表现了多种深沉而忧郁的情思”。在他笔下的山水是令人伤感的，对战争的描绘、对社会的批判是直接的。而且在杜甫诗中，他往往把几个带有忧郁色彩的意向都压缩在诗句中，这样一来就显得凝重、深沉。在进行古诗教学时，应紧抓意象，帮助学生更好地掌握诗歌。

（四）利用想象进行教学

诗言志，诗言画，诗言情，古诗词不单单是几个字的排列，它还是一篇篇短小的文学作品，有自己的韵律美、画面美、意境美。作为教师，在教学时应引导学生展开自己的想象，在自己的脑海里描绘诗歌所表现出的画面。教学时，可让学生用绘画的方式感知古诗，体会作者的情感。例如，李白的《夜宿山寺》，通过画出诗人登高摘星的夸张的场景，体会作者夸张的创作手法和诗歌体现的真正意义。李白《梦游天姥吟留别》是他心情的表白。“我欲因之梦吴越，一夜飞度镜湖月”，他可以“脚着谢公屐，身登青云梯。半壁见海日，空中闻天鸡”“且放白鹿青崖间，须行即骑访名山。安能摧眉折腰事权贵，使我不得开心颜”。诗人骑着白鹿游山玩水，与神仙驾着銮车一起游玩，这是何等自在，又怎能使其委屈地伺候这些权贵呢！这些都可以利用学生的想象力进行教学。

四、结语

古诗词一直都是小学教学中的重点难点，在教学中，教师更应该侧重激发学生对古诗文学习的兴趣培养，帮助学生产生情感共鸣，体会诗人真切的情感，提高学生对古诗词的审美能力，锻炼学生的文学鉴赏能力，帮助学生掌握其方法，这对学生日后的学习和生活都有很大的帮助。

我的育人感悟

发现美的眼睛

——我的教育感悟随笔

董雅璇

开启人类智慧宝库的三把钥匙：一把是数字，一把是字母，一把是音符。雨果的这句名言道出了音乐教育对提高全民素质的重要性。

老师的一个眼神，也许能改变孩子一生！如果我没有关注到每个孩子的眼神，没有在他们迷茫、胆怯的时候给予一个肯定的目光，我永远也不能和孩子们走得更近！

作为一名音乐教师，我深知首先应该明确音乐教育的目标是培养学生对音乐的感悟，并以审美教育为核心，在整个音乐教学过程中要以音乐的美感来感染学生，要以音乐中丰富的情感来陶冶学生，进而使学生逐渐培养健康的音乐审美能力。为了实现这一目标和推进新课程改革，我认为，在教学中，要使学生先对音乐产生浓厚的兴趣，感受、体验和表现音乐中丰富的情感内涵。只有这样，学生才会逐渐喜欢音乐，从而才能对音乐有更深一步的了解。要积极引导学生，使学生不仅做到现在受益，而且做到终身受益。

因此在音乐课教学上，我一般从以下两个方面对学生进行教育和培养。

第一，规划好学期或学年的总目标，以教师的小目标去实现学生的远目标。

音乐教师在授课的同时，教学目标很容易被限制在每一个课时的教学内容上，很难清楚地了解和分析学生的实际需求，所以每一节课下来尽管是按着自己的思路去完成，但还是存在着深深的缺憾感。教学实践证明，原因就在于总的发展目标没有建立起来。

总目标，就是一个学期或一个学年要培养学生哪方面知识、能力和情感价值。比如有些孩子因为条件限制与缺乏，识谱成了学唱歌曲中最大的难题和障碍。那么作为一名音乐老师，识谱教学是最根本的能力之一。遇到这种情况，我就根据学生的情况制定一个长期的训练目标，从音阶的唱名和音准开始，一个学年内让同学们准确熟记、唱准7个音，即使是一个学期掌握一个音我觉得也是可以的。如果从一年级开始为其设下这个目标，带上这个小目标去训练学生，相信到了小学毕业，同学们就可以唱任何一首自己喜欢的乐曲了。

如果能让孩子快乐地学会唱歌，就不能在识谱的过程中出现困难，如若不然就会影响学生学习歌唱的乐趣。因此，音乐教师必须要打好每一个学生的识谱基础，也就是提高其乐理能力。在三年级的课堂中，一开始我出了题目：在五线谱中写出音高，由学生们写出唱名。第一次出题，我发现除了有学习乐器基础的学生能完全写对，其他人几乎很少全对。当我重点讲解了在五线谱中如何快速识谱后，第二次出题，绝大部分学生就已完全能够认对。

学会了识谱的第二阶段，我又有了新的思考：在音乐教学中如何有效地使用识谱这个“工具”呢？在教学中我认为应利用先聆听后识谱的方法强化听觉。音乐学习的各个方面都涉及听觉，识谱的基础也应该首先放在听觉能力的培养上。听得多了，就自然会有一些乐感，有了先入为主的音高再唱谱，学生更容易掌握音准。如在三年级上学期学习希腊歌曲《夏》一节唱歌课中，我使用了视唱练耳中先听辨旋律、后演唱旋律的方法培养学生的练耳和音准。在学唱的过程中，不直接把完整的歌谱给学生，而是以乐句听写的形式，由学生自己完成歌谱。最后，通过肢体律动的方式巩固旋律，加深印象，让学生学会并且爱上歌曲。

低年级孩子喜欢听到音乐并随着自己当时的情绪，按着自己喜欢的速度和节奏去歌唱。在这种情况下，可以设定节奏训练的远目标，在平常的歌唱、朗诵歌词时都可以轻轻击打节拍以示提醒。节奏的训练贯穿课堂的整个过程，久而久之便成了习惯并植入学生心里。到年级越高节奏型越复杂的学习时，学生就会觉得得心应手，享受知识带来的快乐。这样才可以实现“教是为了不教”的实际目的。

譬如一年级的小朋友心理和生理发展还不够成熟，所以我在教学过程中适当抛弃了以往传统认识五线谱、训练音准的方法，运用了柯达伊创立的音乐教育体系中唱名法、二线谱等方式。

第二，实际教学过程中，追求用心、实效、创新。

其一，课前带上探索的心去做充足的准备。作为一个老师，我觉得备课是必需的环节。在备课中根据学生的特点和水平，设定一个可行的学习目标。在这个过程中我认为老师应该先吃透教材内容和要求，抽取、发现和挖掘“我的学生我做主”的三维目标、教学内容和实施方法，可以相应地降低或者提高教学要求，准备出更贴近孩子们生活的音乐内容，让孩子们相信音乐就在身边，是简单的、快乐的。

其二，课堂上，运用生动、有趣、形象的语言。生动、有趣、形象的语言是引导学生进入音乐世界的主要媒介。对于小学音乐教师，在遵守少说的原则的同时，应注意运用较多的儿童语言，尤其是在低年级音乐教学时。教师要了解学生的心理活动，多进行换位思考。在设计教学中的语言时，尽量运用贴近他们生活的语言，语气语调也要符合他们的心理特征，把学习中枯燥的练习变为学生感兴趣的内容。

记得有一次一节音乐课的内容是《认识七个唱名》。当时我问：同学们，哪一位能把这七个音的唱名唱一唱？全班的学生把眼睛瞪得大大的望着我。当时我已从他们的眼神中读懂了一切。其中一个胆子特别大的学生举起手站起来对我说：“老师，那不就是我们数学上学的阿拉伯数字1、2、3、4、5、6、7嘛！”一听这话，我不禁大声笑了起来。这时全班的学生也笑了起来。说实话，我刚接触音乐时，何尝不是将这七个音乐符号认成数学符号呢？此时我忍住笑，用游戏的方式让他们来认识七个唱名。首先，我让学生跟电子琴唱一唱（数遍）；接着，我先给七个音编上名字，带着学生以“找朋友”的游戏认识了“do、re、mi、fa、sol、la、si”这七个唱名；然后，又让他们模仿我做手势。这时我又想了一个更好更有效的学习方法：让他们自己来为音乐王国里的七个小朋友都编上动作，以此让他们自己来熟悉音的高低。于是我就又开始行动起来，等我的话一说出来，就有好几个同学举手争先恐后地说：“董老师，董老师，能让我来试一试吗?”甚至还有几个同学迫不及待地离开座位到讲台上进行了表演。于是，我请了一个同学让他做“do、do、do”的动作，这时，我发现有很多同学都举起了小手来跟着他表演。看着同学们的表演，他们掌握得很快。于是我又叫了好几个同学同样为re、mi、fa、sol、la、si这六个音编动作。伴着同学们编的动作再加上我及时的引导，他们对这七个音的唱名很快就掌握了。

音乐教师都应具备一定的音乐知识，但一提到音乐知识总是会出现两个字：枯燥。“新音乐课标”明确指出，音乐知识应运用多种形式和形象生动的方法学习。运用律动体会感受音乐知识是最基本、最常用的方法之一。此外，在实际的教学实践中我体会比较深刻的一点是，对于识谱、音乐符号还可以运用规范美观实用的板书，帮助学生理解和识记音乐知识。教学过程显现着一个教师的教学态度、教学方法和教学技巧，所以我们应该追求认真、实效、创新而充满快乐的音乐课堂。

新的音乐课标对音乐教师提出，音乐教师需要有丰富的音乐知识和深厚的文化底蕴；具有驾驭课堂的能力，具有创造性使用教材的能力和教育反思能力。我相信音乐源于生活并表现于生活，在思考、探究、学习和实践中更能培养起教师一双善于发现美的眼睛和一颗炽热且美的心。只有带着美丽的音乐，才能满足孩子们好奇的心，才能渲染孩子们期待的眼神，我们的音乐课堂才能更完美。

以美育人·向美而行

刘世彬

美育就是回归对孩子生命直觉的引导，用美来温润孩子的眼睛和心灵。成功的美育，可以让素质教育拥有多元的维度，拥有七彩的颜色。

一、以“美”育学校发展之“根”

北京市石景山外语实验小学位于石景山首钢黄南苑小区内，占地面积约9000平方米。学校建于2002年5月，经过20年的探索，石景山外语实验小学全体教职员工把“校本课程做精彩、学生教育做精巧、校园生活做精细”作为精心建校的三个维度，努力建设充满生命活力的学校文化。

办一所有“根”的学校——用文化推动学校内涵的发展，用课程带动学校特色创建，是我们的办学初心。在全体教职员工的共同努力下，石景山外语实验小学稳步快速发展，成为石景山区的优质学校。近5年学校连续被评为“人民满意学校”“区教育先进单位”；连续十届获得“石景山教育教学大赛五星奖”；学校还获得“北京市学校文化示范校”“北京市数字化校园”“北京市文明校园”“全国足球特色学校”“京城校园文化领军学校”“石景山综合素质评价先进单位”“课程建设先进单位”等称号。

根深方能蒂固，枝繁才能叶茂，一所学校的发展更是如此。我认为，有根的学校是能够持续发展的学校，唯有学校有底蕴，这所学校才会有无尽的生命力。那么，什么才是学校的根？如何让根扎得更深更稳呢？良好的社会口碑，鲜明的学校特色，优质的教学质量，先进的办学理念，学生对学校的热爱，教师对学校的全情投入，家长对学校的信任，优质的教师团队，良好的教风、学风，优美的教学环境以及和谐向上的学校氛围……这一切都是学校这棵大树的根系，学校文化则是这些根系赖以生存、稳固自身并从中汲取营养的土壤。因此，要让这一条条根长得旺、扎得深，就必须着力于学校文化的建设。加强学校的文化建设，就是在建设一所有“根”的学校。

学生的成长是学校最重要的“根”。创建一个适合学生成长的校园环境，让他们自然、自由、自觉地成长是学校的目标，达成这一目标关键在于要从孩子的视角去看世界，让善与美根植于学生心中。一个人会欣赏美是他一生享用的财富，如果一个学生拥有从平常事物中发掘美的能力，世界在他的眼中就愈加可爱、愈加美丽。因此，石景山外语实验小学在办学中注重激发和培养学生对人、动物和大自然的情感；对美好生活的感知和憧憬；对自己、对他人的理解与包容；对大千世界、多元文化的好奇与尊重；对自己学业与生活的责任与坚持。当我们送走一批批品学优良的毕业生时，我们欣喜地发现，孩子们依然保持着对世界的好奇，对生活的乐观自信，对母校的依恋。这就是我们成功的教育，学校的根基也就粗壮起来了。

二、用“美”育学校环境之“魂”

校园环境也是学校文化的重要组成部分，对学生的思想品德、行为习惯起着潜移默化的熏陶作用。那么，校园环境文化应该如何定位？怎样将办学积淀、育人目标、发展理念融入校园环境建设中？怎样让“美”流淌在校园的每一个角落，浸润每一个孩子？

2013年7月，石景山外语实验小学启动了整体装修改造及校园环境文化建设工程。这是一个能够将学校十年办学积淀、育人目标、发展理念融入环境建设中的绝佳契机。面对这样的机会，必须要做好充分的准备，善其谋而后动。

开工前期，当各种设计方案、施工材料扑面而来时，我们目标明确、沉着应对，本着服务6至12岁的小学生，创建一个适合师生共同生活、学习的校园环境的目标，通过学校短信平台向全校教师、学生、家长征集改造建议，全面分析小学阶段各年级孩子的认知及心理特点，结合学校的办学理念、教育教学等需求最终确定实施方案。

在调查过程中，我发现很多学生都希望学校中有池塘、有绿植、有喷泉……不难看出，这是长期成长在钢筋水泥城市中的孩子对自然的渴望，更是对美的追求。经过精心设计，学校在一楼门厅处添加了一处水景，面积虽然不大，但它是整个学校环境建设中的精华、是学校办学理念的集中展示，同时将"我是努力的、我是自信的、我是快乐的"校训雕刻在阶梯泉水的外槽上，水流顺流而下，寓意着学生因努力而自信、因自信而快乐的校园生活从这里拉开帷幕。

色彩在校园环境的建设中也有着重要的作用。在我们的思维定式中，总是爱用花枝招展、色彩艳丽来"定义"小学阶段的孩子。然而，随着年龄的增长，学生们也有着不同的需求。同时还要考虑学校的功能性，学校作为师生主要的生活、学习空间，过于缤纷艳丽的色彩无疑会对视觉、情绪产生过度的刺激……校园环境中对色彩的科学运用不仅要彰显学校育人理念、文化元素，还要为校园增添和谐舒适的情调与气氛。于是，我们尝试着从学生的角度去观察校园环境，依据不同楼层分布不同年级的特点，确定不同主题、不同色彩的方案。如教学楼的一楼是低年级学生学习生活的区域，根据这一阶段学生的认知特点，我们把一层的主题定为"有乐趣的校园生活"，主色调设计成可爱的浅粉色。在通向教室楼道的两侧，特别设计了两面文化墙。一面的主题是"走进美妙的童话世界"，童话城堡中的每个小窗都是可以打开的，里面可以放置学生的照片，鼓励孩子争做学校童话城堡中的小主人。另一面的主题是"我喜欢的童话人物"，在这里摆满了学生熟知的、喜爱的、形象各异的毛绒玩具，孩子们可以去看一看、摸一摸、抱一抱，通过与毛绒玩具的互动，可以缓解一年级学生新入学的生疏感。教学楼的二层是中年级学生学习生活的区域，主题定为“有知识的校园生活”，引导学生逐步进入小学知识殿堂，在主色调上选择充满生机的绿色，寓意着这个年龄段的学生已从嫩芽期进入成长期。而文化墙以“体验欢乐节日庆典”为内容，让学生从每一个蕴含爱与传承的节日文化中感受生活中的美。教学楼的三层是高年级学生学习生活的区域，主题是“有梦想的校园生活”，主色调选择象征着梦想、智慧的蓝色。高年级的学生经历了几年的小学生活后，即将从母校毕业，蓝色寓意着学校对学生充满了激励与期待。这个楼层的文化墙聚焦“分享世界遗产之美”的主题，引导高年级的学生关注世界文化，珍视世界文明。教学楼的四层是学生活动及专业教室区，主题定为“有情趣的校园生活”。这一主题主要引导学生要做一名有自己兴趣爱好、热爱生活的人。在这一楼层，特意设计了主题为“我爱收藏”的文化墙，同时还配以吧台、休息椅，为学校的每个班级、每个学生提供举办展览、交流的空间。

“将学校理念融入校园最美的景观，将学生的成长融入校园的每个角落，将学校的文化融入整个校园”，这一校园文化理念真实地呈现在石景山外语实验小学的校园里，流淌在校园的每个角落，让生活、学习在这里的师生耳濡目染，沉浸于此。

三、以“美”育学校课程之“神”

国家、地方、校本三级课程是学校教育教学的基本依据，夯实国家课程、开足地方课程、做精校本课程是石景山外语实验小学坚守的课程实施准则。怎样让校本课程成为推动学校特色发展的有力支点，展现出学校特有的精气神？在石景山外语实验小学我们关注的是学校特色课程的实施是否能推动孩子们的成长进步；是否能让孩子们持续发展，享用终身；是否能让孩子们在学习探索中乐此不疲。

在石景山外语实验小学，博物馆课程已经开设12年，作为学校重要的一门综合实践类校本课程，它不仅提升了学生的综合实践能力，推动了教师专业发展，同时也给学校特色教学注入了新的活力。

（一）到博物馆去感受美

《探访身边古迹，线描重现壁画——走进石景山法海寺（四年级）》一课是结合统编版美术教材中《我们身边的壁画》和地方教育资源来设计的。当学生步入壁画环绕的法海寺大殿、静坐在近5米高的水月观音像前时，当古筝乐曲袅袅响起，萦绕在学生耳边时，学生发自内心地对精美壁画的叙事宏大发出了感叹，对古代画师的高超技艺生发出了敬仰之情，对家乡文化产生了由衷的自豪感，这就是博物馆教学的魅力。

（二）到博物馆去发现美

在《探访故宫——走进故宫博物院》（六年级）一课中，教师首先指导学生通过搜索故宫博物院官网上的信息了解故宫的基本情况，为学生提供主题方向。学生根据自身兴趣点组建学习小组，并在教师的指导下完成学习任务。在具体的学习活动中，各组教师只负责学生的安全管理，对于游览线路、现场学习方式、活动中遇到的问题，则由学生发现、交流和解决。这种学习方式既是对高年级同学发出的挑战，更是一次对6年博物馆学习成果的检验。引导学生利用博物馆资源进行学习，读懂文物背后蕴藏的文化信息，是学校博物馆课程设计的初衷。

（三）到博物馆去探究美

《小学生在国家博物馆主题式学习》是我主持的北京市规划办课题。作为课题组组长，我从美术的角度出发，做好“花钱里的秘密”课程设计，给学生留下深刻的印象。在教学中，教师与学生探讨古钱币中压胜钱（压岁钱）的吉祥图案及美好寓意，让学生了解中国传统民俗文化；通过介绍中国汉字的演变过程，提高了学生对古钱币鉴赏的基本能力。当学生对钱币的历史知识有了了解之后，再结合自己的兴趣点进行探究，最后组织学生参观中国国家博物馆，进行该主题的博物馆实践学习。在古钱币展厅，各小组同学按照前期制定好的主题展开学习探究活动，学生可以在博物馆里观察、描画，并在学习单上记录学生对美的思考与收获。

我们开发博物馆课程，引导学生到博物馆进行有目标、有组织、有计划、有方法的学习活动，计划每位同学在小学阶段至少完成12次的博物馆主题学习活动及3次的参观活动。在博物馆的选择上，石景山外语实验小学以小学现行各科国家教材中涉及的知识为切入点，力求校本教材与国家统编教材紧密结合，让相关博物馆课程的教学成为课堂教学的延伸，在探索中不断完善课程设置，改进教学方法。经过多年的实践研究，“我爱博物馆”“我爱国家博物馆”校本课程已经成为本校最具特色的综合实践活动课程之一，它注重师生人文素养的培养，体现着学校的气质与神采。

四、以“美”育学校活动之“趣”

人们常问：如何给孩子一双发现美的眼睛？我想：先让孩子有一颗柔软的心。一次组织学生去延庆龙庆峡参加实践活动的路上恰巧赶上雷阵雨，学生们小声地抱怨着“天公不作美”，我告诉孩子们：“我们何其幸运！正是因为这场雨，让大家看到了雨前、雨中、雨后的三种不一样的风景。”还有一次在康西草原，那天烈日当空，学生酷暑难耐，被晒得没有游玩的心情，于是，我又开始耐心地引导学生，让他们静下心来，向远处眺望，感受草原的辽阔，又让同学们一起趴在草地上，观察小草的形态，感受泥土的气息……

除了走进大自然外，校内的艺术实践活动也是石景山外语实验小学一张闪光的名片。为了弘扬中华优秀传统文化，学校策划开展“亲情·才情·少年情”诗词诵读活动。同时，教师带领学生体验水彩画，让学生将自己对诗词的理解转化为画面，展现在灯笼上，感受装置艺术的魅力，感受自己创作的艺术作品装扮校园所带来的美感与快乐。于是，整个校园被五彩缤纷的纸灯笼点亮了。有的灯笼上画着“两岸青山相对出，孤帆一片日边来”，有的灯笼上画着“竹外桃花三两枝，春江水暖鸭先知”，还有的灯笼上画着“会当凌绝顶，一览众山小”……每盏灯笼下都有与画相呼应的诗词卡片，图文并茂，意境唯美。家长和同学们兴致勃勃地拿着手机拍照、合影，灯笼前充满了欢声笑语，大家都感受到了参与和创造的快乐。

石景山区是“双奥之区”。如何让学生感受到石景山区这些年的变化，并用艺术的形式表现出来，石景山外语实验小学特意为学生策划了一场“印象·石景山”主题的艺术展。在展览现场，既有跃然纸上的法海寺壁画，也有以首钢滑雪大跳台为主题的泥塑作品。从参展的作品中可以看出，每一件作品都是孩子们对家乡真实的、带有真挚情感的表达，他们用线条、色彩、彩泥表现家乡的过去、现在和未来。这次活动不仅会让孩子们发现家乡的美好，而且会将这种美好的感受通过展览活动镌刻在他们的记忆里，直到永远。

教师在学生的心中是神圣的、高尚的职业。石景山外语实验小学的教师们在日常的教育中用心制造新奇和美感，在学生心灵深处播下美的种子，带领学生向美而行。

文化自信从课堂四十分钟开始

石艳青

中华文化博大精深、源远流长，如何在我中华少年心中植根爱国之情、增强民族自信，是我们作为教育工作者的责任。在中华人民共和国教育部制定的《义务教育英语课程标准》(2011年版)中的文化意识章节中指出，“在学习英语的过程中，接触和了解外国文化有益于对英语的理解和使用，有益于加深对中华民族优秀传统文化的认识与热爱”。中华优秀传统文化已经成了弘扬民族精神的一面旗帜，对外来文化要在实践中不断创新。同时，我们必须深深地植根中华民族的传统文化。外语教育中的文化教学应该既关注英语国家文化的导入，也要融合中华传统文化，从而增强民族与文化自信。

笔者认为，英语教学中对中华优秀传统文化的渗透应该从常规课堂抓起，以教材为基础。应该在充分利用教材中已有传统文化素材的基础上，继续补充模块中的中国传统文化素材，并积极挖掘教材中的隐性素材，在教学目标设计上明确体现中华优秀传统文化，探索不同课型的传统文化切入点和渗透策略，提高中华优秀传统文化渗透的效果。小学英语教材中已经介绍了许多西方国家传统节日，但少有介绍中华民族传统节日。下面就以北京版英语教材二年级上册有关中西方节日这一单元的教学设计与实施为例，谈一下我们的做法。

一、选择恰当的文化切入点

本单元是北京版英语教材二年级上册第六单元，属于“人与社会”主题语境中的“节日问候”子语境。这是第二次出现有关Holiday（节日）的话题（第一次是出现在一年级上册第六单元“Happy Holidays”），本次内容主要围绕“圣诞节和元旦以及过生日时的问候和如何有礼貌地回应、中西节日传统礼仪”展开。学生学习一些体现节日特征的物品名称和传统活动，帮助学生学会有礼貌地进行活动建议和赞美美好事物。本单元学习和交流的价值是帮助学生初步感知节日文化，了解节日习俗，提升个人文化素养。基于以上原因，我将本单元主题设定为“Manners Around Us”（我们身边的礼仪）。分为5课时，话题分别为Manners on Birthday（生日的礼仪）、Manners on Christmas（圣诞节的礼仪）、Manners on New Year's Day（新年的礼物）、Manners on Laba Festival（腊八节的礼仪）以及第五课时的话题Manners Around Us（我们身边的礼仪）。

由此我们可以清晰地看到，本课的传统文化切入点就在第四课时，在第三课时中西方新年之后，本单元教授之前，我已经在本年级进行了摸底，了解到所有同学都熟知中国的新年，而对于咱中国民间传唱的歌谣中那句“小孩儿小孩儿你别馋，过了腊八就是年”中的腊八节却知之甚少。最多就知道喝腊八粥，泡腊八蒜，但对究竟为何喝腊八粥以及其蕴含的意义基本上一无所知。这就给了我这个课堂教学设计者很大的空间，在查阅了大量的资料后，发现事实上腊八才是咱中国春节的伊始。这一点连许多成人都不清楚，这就更增强了我对这一补充课时——腊八节文化的教授信心。这是恰到好处的切入点。我认为，润物细无声的自然切入是知识拓展切入的最高境界。

二、如何科学地进行知识拓展选材

面对刚刚进入二年级的学生，选材既不能太多讲解，失去了它的趣味性；又不能整本都是简单句，缺乏腊八节应有的知识内涵与中国节应有的气氛。好在我校二年级学生已养成了英语绘本阅读的好习惯，具有极高的英语学习热情和相对较大的词汇量。经过大量的绘本筛选后，终于找到了一本适合学生们学习的有趣且中国年味儿十足的绘本——《甜蜜的粥》(*Sweet Porridge*)，绘本讲述了一个孤独的小雪人在一个大雪纷飞的冬季，一天来到了一个小村庄，村庄里飘出的浓浓的腊八粥的香味吸引小雪人去探个究竟，这到底是什么香味呢？带着疑问的小雪人循着味道飘来的方向悄悄进入了村庄。眼前出现的一幕深深吸引了他，只见村庄里的很多小动物都在围着一口大锅，香味正是从这口大锅里飘出来的。只见那锅里正在熬着热气腾腾的腊八粥。里面有各种各样的腊八粥食材。有的小动物正在用勺子搅啊搅，大家在一起其乐融融，好不热闹。孤独的小雪人被这一幕深深吸引了，他不由自主地凑近大锅想看个究竟，结果险些被烧锅的柴火烤化。通过村里朋友的帮助，小雪人尝到了腊八粥的滋味，幸福极了，他终于也有一个家了。此书借用孩子的口吻用童话的方式渗透中国传统节日腊八节文化习俗及礼仪，集趣味与知识于一体，很巧妙。

三、教室的布置极具代入感

众所周知，情境教学法是指在教学过程中，教师有目的地引入或创设具有一定情绪色彩的、以形象为主体的生动具体的场景，以引起学生相应的态度体验，从而帮助学生理解教材，并使学生的心理机能得到发展的教学方法。

（一）课桌的设计具有中国节气息

为了快速有效地将学生带入腊八节的节日氛围中，我将民间蜡染布引入课堂，盖在每张桌子的食材上面，这样既烘托了气氛又解决了食材的暴露会影响孩子们的专注力的问题，一举两得。

（二）板书的设计及功能性、美观性与实用性融为一体，凸显中国节氛围

第一，将传统民间蜡染布盖在黑板的主标题上，既美观又免于在讲课前暴露绘本名字。在一首中国民谣《过年歌》后的恰当时机掀开花布出示题目，

又是一举两得之事。

第二，热气腾腾的一锅腊八粥用图片的形式展现即可，但食材该如何清晰真实地呈现在板书中成了一个很大的难题。画出的食材既难以辨别又失真，最后我想到了把食材贴在小瓷盘中的方法，效果极好。

四、问题的恰当切入与有效提问引人入胜，引导学生逐步深度理解中国传统文化内涵

我们常说，好的开端是成功的一半，绘本教学即是如此，一反故事教学的从头讲故事的常规。为了引起孩子们的兴趣，我先出示了孤独的小雪人的图片，问大家："Where is he？ How does he feel？"而黑板上的雪景图片和挂着红灯笼覆盖着一层白雪的柿子树的背景图即刻把孩子们带到了故事中的冬季。于是孩子们争先恐后地发表自己的看法。后续教学中更加突出引导学生认识到喝腊八粥的意义，深入理解中国传统节日文化内涵，增强民族自信。

五、课堂评价用腊八粥食材贯穿课堂始终，激发学生学习热情

孩子的世界有点小小的竞争会极大地激发孩子们的学习热情。为此，我奖励在本组回答出第一个问题的学生可以率先掀开遮盖食材的花布。而后续每个回答问题的同学都可以获得一种食材并将其放进组内碗中，为后续制作腊八粥选食材做准备。孩子们懂得食材越多越好的道理，个个跃跃欲试。我想这就是我们所说的智慧教学吧。

六、课堂中的教学活动让孩子们意犹未尽，与同伴合作亲身体验中国节文化

我们常说授人以鱼不如授人以渔，在我的教学中提出了以下目标："学生

理解绘本内容并能够表演故事片段或整体，在学习绘本后了解中国传统节日腊八节的部分文化习俗及礼仪。学生能够理解绘本中所传达的腊八节的主旨寓意：对来年美好生活的祝福、家人团圆、传递温暖、分享快乐，并习得腊八节文化习俗，能够用语言表达腊八粥食材所代表的美好寓意，增强民族自信。”那么如何可以真正实现以上目标，则有赖于教学活动的设计。

活动一：小组合作表演组内选取的故事片段。众所周知，语言学习的目的即为实际应用，教师提供给学生舞台表演的机会，孩子们戴上头饰表演，既检测了孩子们对故事的理解，又锻炼了孩子们的语言组织能力和表达能力，培养了团队协作能力，丰富了舞台经验，实现了学以致用。

活动二：绘本学习之后，孩子们已经了解了腊八节文化中喝腊八粥的习俗及原因。每一种食材都代表着人们对于来年美好生活的向往，比如longan（桂圆）代表全家团圆、almond（杏仁）则代表幸福等。此时为了引导孩子们切身体会一把年味儿，我请同学们以小组合作的形式从他们所获得的食材中选取他们喜爱的食材，并说出食材代表的寓意，为同学们送去新年的祝福！

总之，我认为在小学英语教学中要把握教育契机，注重传统文化教育，让学生对中国传统文化产生强烈的认同感，实现文化自信的外于行、内于心。

让学生成为课堂的主人

刘永存

传统课堂教学以教材为主体，以教室为中心，教科书具有至高无上的尊严，以课本为载体的知识处于教学的核心地位，教学的根本和唯一目的是毫无遗漏地把教材内容传授给学生。这是一种封闭性教学。封闭必然导致僵化，只有开放才能搞活教学气氛。现代课堂教学须由以教材为本转向以开放生成为本，跳出课本，跳出课堂小圈，加强课堂内容与学生生活及现代社会科技发展的联系，建构开放而有活力的课堂教学。

建构开放性课堂教学：其一，实践教材的开放。教材知识是绝对真理和相对真理的统一体。传统课堂教学过分强调教材绝对的一面，将讲授教材内容视为教学的根本和唯一任务。其二，实践教学过程的开放。封闭的过程是预设性的，开放的过程是生成性的。课堂教学不应当是个封闭系统，也不应拘泥于预先设定的固定不变的程式。其三，实践课堂时空的开放。课堂教学可以打破时空的限制，摆脱条条框框的束缚，给学生充分发展的时间和空间。

一、开放式体育课的准备部分模式

准备部分的作用是为了避免学生在从事某一体育项目时因心理、生理上的准备不足而对学生造成身心方面的损伤。不同的体育项目对身心方面的要求也不同。传统的体育教学模式重点放在了关节、韧带、肌肉黏滞性等方面，因而表现出来的内容不外乎是慢跑、徒手操、游戏等，而这种形式大都是在教师的指挥下按照一定的要求进行的。这在一定程度上束缚了学生的思维与行动，对学生参与体育活动造成了一定的负面影响。开放式的准备活动，把主动权让给学生，还学生一个自由发挥、充满想象、富于追求新意的空间。学生可以把从教师那里学来的知识加以改编运用，可以把电视、VCD影像等上面学到的优秀内容搬到课堂；也可以自己根据已有的经验去加工、合成创造出新的内容。这样既给了学生一个表现自我的机会，又锻炼了学生的组织能力，同时还向学生提出了更高的要求，促使学生为之继续努力，养成学生良好的体育习惯。

二、开放式体育课的基本部分模式

（一）开放式的体育课基本部分可以充分发挥教师的主导性和学生的主体性，使师生互动成为可能

传统的教学模式是在教师的指导下进行的，教什么、学什么都得围绕教师的教学目标进行，这就势必造成学生“吃不饱与吃不了”。在崇尚健康第一、以终身体育为目标的今天，这肯定不能适应学生为了健康与参与各种不同的体育项目的要求。开放式体育课基本部分模式，是指在体育课的基本部分由学生自由选择项目、自由编组、自主学习与锻炼，教师要回答的问题则是学生在练习过程中不能解决或解决得不够圆满的问题。在教学的过程中，教师根据学生选取的项目以及他们的认知水平、运动能力制定出各堂课的教学目标。学生围绕这个目标可以采用多种形式的学练方法，尝试解决课堂的主要问题。在这一过程中，学生能自然地形成良好的思维习惯，提高分析问题、解决问题的能力，学会正确处理人与人之间的相互关系，提高对社会、环境的适应能力。教师在这一过程中，既要回答事先预定设计的问题，同时还要与学生共同探讨在课堂教学过程中未曾预料到的问题。这样教师既能对自己已有知识经验进行加工、巩固、提高，又能对不断出现的新问题进行学习、探索，丰富自身的教学

经验、拓宽知识面、提高自身的教学业务能力，为适应不断更新的教学知识与不同要求的未来体育教学模式打下良好的基础。

（二）开放式的体育课基本部分可以充分调动学生学习的积极性

采用开放式的体育课模式就是承认学生存在的差异，区别对待每一个学生，让每个学生都在最适合自己的学习环境中求得最好的发展，使人人都有“成就感”，这有利于学生进行自我评价。学生根据教师的要求及时把学练过程中的问题加以总结，反馈教学信息，教师及时修正教学目标，形成良性循环：教师制定教学目标→学生学练→学生自我评价学练效果→信息反馈→教师修订新的目标。尊重学生、信任学生、让学生体会成功，能增强学生的自信心，调动学生学习的积极性。对学生予以肯定，对学生而言既是压力又是动力，有了教师对学生的肯定，他们就会在学练过程中努力克服遇到的困难，去认真完成每一个练习。在宽松的环境中，学生自觉地进行学练，变教师要学生学为学生自己要学。面对自己的爱好、自己喜欢的项目，学生总会产生一种积极心理。在遇到困难挫折以后，他们会自己想办法来解决问题，这就促使他们进行思考，采用各种办法去解决问题，提高他们学习的积极性。例如“3 ～ 5分钟耐久跑”，这可以说是一个比较枯燥的内容：没有一定的运动量，这节课的任务就完成不了；但如果实实在在地跑上3 ～ 5分钟，学生必定累得气喘吁吁并产生厌恶情绪。但与此同时，它也有自身的优势：非常有利于培养学生克服困难、战胜自己的品质。变化练习方法是必需的，但简单的变化是远不能满足3 ～ 5分钟的需要的。我安排了这样的练习方法：首先，在练习时采用进行曲伴奏，振奋学生的精神，让学生感觉到宽阔的体育场上体育健儿激烈竞争、奋勇向前的气氛。其次，练习形式变化为“开火车，游华夏”的游戏形式。在场地上布置一些省份的代表标志，当教师下达“到北京去”的口令时，在“火车头”的带领下，学生“跋山涉水”奔向“北京”。这样一来，练习就具有了趣味性，同时也增强了学生的民族自豪感。

（三）开放式体育课的基本部分有利于学生创新思维，使学生的言行更具有实践性与社会性

在体育教学中，创新和个性发展是密不可分的，个性发展往往决定创新能力的提高。每个学生都有其独立的个性，每个人都有对问题的不同看法，他们所感受和需要的可能就是我们教学中忽略的，所以我们身边的每个孩子都是一个巨大的宝藏。体育教师在体育教学中，应充分挖掘学生的潜力，加以适当的评价和鼓励，激活学生的创造性思维。要积极改革自己的教学方法，建立新型的师生关系，尊重学生的主体地位，满足他们的好奇心、学习需求和爱好，充分发挥他们的求索精神。学生从不同角度去观察事物、分析问题，往往更具人性化，教师应多尊重和采用学生的想法，让学生在自主中求得创新，而创新能力的提高又作用于促进个性发展。在具体的体育教学过程中，如让学生设计游戏或改进游戏方法等，让学生把学习到的知识在整个课堂中进行加工、提升、运用。我曾经在上小皮球课时，让学生自己体验小皮球的玩法。他们自由创造了十几种练习方法，有抛接、投掷、滚球、传球等。筛选出几种学生参与性较强的“炸暗堡”“搬运瓜果”等进行游戏教学，学生在学中玩、玩中学，收到了非常好的锻炼效果。

三、开放式体育课的结束部分模式

“开放式”体育课的结束部分不拘泥于传统的形式，只要是有益于身心放松的活动都可以被采用：游戏；欢快的集体舞；互相按摩；自我按摩；调整呼吸；意念放松；听上一段优雅的音乐，想象自己置身于优美的自然环境，享受大自然赋予人们的恩赐；课后的理疗、药物、营养补充、桑拿浴等。让学生寻找出最适合自己的一种或几种放松活动形式，并在不同的情况下采用，这有利于他们在走出校门后运用，为终身体育提供服务。

总之，教师要善于从学生实际需要考虑，审时度势，不拘泥于一种教学方式，采用多种新颖的教学方法，大胆地放开手脚，把课堂还给学生，使学生真正成为课堂的主人。

一次总复习之后的感悟

刘艳茹

一、引言

“长方形和正方形”是人教版小学数学三年级上册的内容，一共有5个例题，教学内容包括：四边形的初步认识，长方形和正方形的特征，周长的含义，长方形和正方形的周长计算，利用长方形和正方形周长解决实际问题。在“长方形和正方形”的新授课过程中，我认真制定每个例题的教学目标，找出重点、难点，利用学生已有经验设计教学活动。我从学生的年龄特点出发，引导学生量一量、折一折、比一比、算一算，力求让学生在活动中获得体验，探索新知。我关注所学知识的练习应用，对书上、练习册上的每个练习都不放过。这个单元完成后，我认为孩子们已经基本掌握了本单元的知识，但是到了期末总复习时，这个单元却成了我用时最多的一个单元，而且也是期末考试失分最多的一个单元。

二、案例描述

期末总复习阶段，复习到“长方形和正方形”这个单元，发现在做一些有变化的题目时，学生错误率很高，主要集中在长方形、正方形的周长计算及应用周长解决实际问题上。

以书上的一些题为例。比如，利用平移求周长的题：下图中大正方形的周长是24厘米，小正方形的周长是12厘米。这两个正方形拼成的图形的周长是多少厘米？

比如剪下图形求周长的题：一张长方形纸，长30厘米，宽21厘米。从这张纸上剪下一个最大的正方形。正方形的周长是多少厘米？剩下的图形的周长是多少厘米？

比如长方形和正方形周长应用的题：把18幅绘画作品（每幅作品都是正方形，边长都是2分米）贴在一起，做一个“绘画园地”。要在“绘画园地”的四周贴上花边，怎样设计“绘画园地”才能使贴的花边最少？

这样的题，总复习阶段第一次做，学生的错误率基本在百分之五十以上。面对这种情况，我着急之余不敢掉以轻心。我像攻克碉堡一样，解决着这些题。首先，每道题我都要在黑板上详细地讲一遍，再让学生改错。其次，我要再设计一次练习，有的题换个数，有的题连数都不换，让学生再做一遍。最后，那些同样的题型练习两遍仍然效果不佳的，我会再讲、再改、再练，有的题练到第三遍，有的题练到第四遍，直到每道题学生基本一看就会才算过关。

一番密集练习之后，开始做历年期末试卷。试卷上出现了以往没见过的题目，比如这道题：在一张边长为20厘米的正方形纸的一角剪去一个长是13厘米、宽是5厘米的长方形。剩下的纸的周长是多少厘米？

仍然有学生不会做，我照样采用前面的练习方法给学生练习。

终于，涉及长方形和正方形周长的基础题及我能见到的有变化的题都给学生复习到位了，我认为这个单元没有什么问题了。

没想到，期末考试结束后，让我大跌眼镜的是，期末试卷上错误率最高的一道题仍然是有关周长的选择题。

面对结果我思绪万千。我想：这种题型练过呀，在练习时还给学生总结了最基本的解题方法，为什么做这道题时他们没想到呢？我想：考试后，有一个学生跟我说他做这道题时想到了平移，那一定是总复习时利用平移求周长的题目对他的思维产生了影响；有一个学生说鼓出来就长，瘪进去就短，那一定是周长和面积混淆了；可是，其余学生的思维轨迹是什么呢？我想：期末复习阶段，部分学生遇到有变化的周长题就束手无策，这是正常现象吗？出现这种情况，会不会是因为我在新授课时没有抓住周长最本质的东西？

三、分析

带着疑问，我请教了区教研员闫云梅老师。闫老师条分缕析地为我作了解答。我在理解消化之后，意识到自己在总复习期间有以下两点没有做到，如果这两点做到了，复习效果应该会好一些。

（一）不断回到最初的环节

人们是如何获得数学理解的呢？依据理论模型，数学理解需要经历初步了解、产生表象、形成表象、关注性质、形式化、观察评述、组织结构、发明创造等一系列发展过程。过程中的每一个环节代表一种理解水平，要达到某种理解水平，常常需要学习者反复经历此水平之前的一个或几个环节。

以长方形和正方形周长这个内容为例：学生学习周长概念，在理解周长概念的过程中，学生经历了初步了解、产生表象、形成表象、关注性质、形式化、观察评述、组织结构、发明创造等过程。接下来学习长方形和正方形的周长概念。学习长方形和正方形的周长，虽然可以借助周长概念来理解，但对于学生而言，仍然是一个新的知识点，同样也要经历上述的一个过程。新授课完成后，老师要认识到这一点，即在新授课过程中，因为学生的理解思维能力不同，所以对每个环节的掌握程度就不同。有的学生每个环节都能理解到位；有的学生某个环节没有掌握到位，是模糊的；有的学生每一个环节理解得都不到位都是模糊的。这些差异就造成了后面做题时，有的学生不管遇到什么有变化的题做起来都轻松自如，有的学生则一遇到题目有些变化就会无从下手。面对这些差异怎么办呢？有办法，老师在学生做题时进行弥补。比如在期末复习周长的知识时，不管是基础题，还是有变化的题，老师要有意识地引导学生不断回到最初始的环节，即产生表象、形成表象的环节，可以先让学生用手描一描要求的周长，或者让学生用笔画一画要求的周长，不断深化对周长表象的认知和理解，经过不断的循环往复，学生才能达到新的理解水平。

（二）归纳分类，化繁为简

长方形和正方形周长的题目可以说是千变万化。面对这种情况，老师不能就题讲题，而要对题目归纳分类，化繁为简。这就要求老师站位要高，对题目要有全面了解，知道题目会出现哪些变化、怎么变化，哪些题可以归为一类让学生掌握。我之后对三年级长方形和正方形周长的题进行了总结，大体上可以分为以下几类：长方形的长或宽作为间接条件求周长，逆运算求边长或求长或宽，利用平移求周长，切割后求周长，拼组后求周长，等等。回顾本次期末复习周长时，如果我能在讲某一道题的时候，不止讲这一道题，而是讲一类题，将这类题的典型题目都给学生展示出来，找出解题方法，学生得到的将是一块一块的思维，不是一个一个的思维，这样的复习效果一定更好。

师爱沐浴桃李天

——以班级活动为载体推动学生行为转变

王　曦

十年班主任工作生涯中，我曾经为学生的屡次违反纪律懊恼过，也曾经为孩子的桀骜不驯哭泣过，更曾经为班集体犹如散沙的状态茫然失措过。经过一次次的学习培训，一点点的实验总结，不断探索，久经锤炼，我终于点燃了智慧的火花，焕发出为人师的精彩。

一、笔谈为桥梁，关注学生心理健康

“知其心，然后能救其失也。”《礼记·学记》中的名言告诉我教育好学生，要先走入他们的内心世界，找到问题的所在。每天我们教师与孩子朝夕相处，但繁重的教学工作使我们很难与孩子近距离接触。因此，我们现在看到的只是孩子的表象。这样，就很难实施有效的教育手段。

培训时，我听了教委李老师的讲座，深有感触。她曾提到与孩子用笔谈的形式进行沟通。我也觉得这是一种很好地了解孩子的方法，于是就尝试让孩子写一写。没想到，笔谈成了我的教育法宝。

第一次笔谈，让我眼界大开。我让他们写的是“夸夸咱班的 × × ×”。结果我发现了很多好人好事。孩子们以独特的视角，发现了同学身上的优点。有的孩子写道：“我们班汲某某非常大度，谁都不和王某某玩，可他把王某某留到自己一组了。”我给他的评语中写道：“对，宽阔的胸怀是小男子汉的本色。”

后来在汲某某的反馈中，他这样写道："我没想到同学会因为这件事表扬我，当时我只是觉得一个人玩太寂寞了，如果换作是我，我会觉得非常痛苦。"

在全班交流时，我又就这件事表扬了汲某某，强调友谊的重要。我想这对同学和谐相处一定会起到促进作用。

有时我也能从孩子的笔谈中发现问题。有一次，我们班午自习比较乱，我就让他们写一写午自习反思。一个孩子在笔谈中反映："老师让班长监督我们，可班长自己还说话呢！"这件事我记在心里。我在给这个孩子写评语时写道："有什么事情要积极地想办法解决掉，存在心里只能让自己受伤害。"事后她主动找班长告诉她自己的不满。我想，经过这件事，她以后遇到这样的事一定敢于表达自己的看法了。

从孩子的笔谈中，我也能感受到孩子们的心理需要。我们班有一个接受能力较差的小孩秦某某，一个同学在笔谈里提到他："我们班秦某某原来上课时就知道自言自语，自己玩自己的。现在王老师在课前两分钟时让他读书了，并在值日时给他安排了任务，秦某某的表现好极了。"看来信任是最重要的。从孩子的笔谈中，我感到要平等对待每一个孩子，信任他们的能力。

孩子的笔谈就像一扇窗户，打开了孩子的内心世界。我想，只有了解孩子心里想什么，才能实施正确的教育策略，帮助孩子形成健康的心理。

二、活动为载体，形成集体主义精神

苏霍姆林斯基说："集体是教育的工具。"是的，一个优秀的班集体，不仅能够促进学生身心健康发展，而且直接影响学生的学习兴趣、学习态度和学习效果。然而集体并不是人员的简单组合，而是相互间的融合，在此基础上形成的不可分割的整体，好比是"由成千上万条溪流汇合成的江河"。把不同的多个个体联合成一个有机整体，靠的就是集体主义精神。而这种精神绝不是靠简单的说教或强硬的制度形成的。一个班集体凝聚力的形成，首先是让孩子感受到集体的存在。虽然孩子们从入学起就生活在一个集体里，但是个人与集体的关系孩子们是弄不清的。要让孩子意识到自己是集体的一分子，我荣班荣，我耻班耻。

我在接班时，最先做的就是班级工作细化，实行承包责任制，哪个地方出现问题就向哪个人问责。比如值日，每个孩子都有自己的事干，一人负责一件，做得好的表扬，不称职的重干。再如橱窗板报，有能力的同学进行承包，有组织有任务，定期更换。这一点我想很多老师都是这样做的。

我培养学生集体主义精神的第二个方面就是利用各种活动，体验集体的力量。孩子们都是一个个独立的个体，朝夕相处中，难免会发生矛盾。如果没有正确引导，孩子就不会正确处理同学关系，影响与人交往的能力。我就是在活动中让孩子们逐渐意识到集体的力量的。在拔河比赛时，有的孩子怕累不愿意参加。我就告诉他，没有他我们赢不了比赛。运动会时，一些长跑项目无人问津。我就鼓励孩子们，跑倒数第一都没关系，只要参加了，我们就得到一分了。比赛时，有的孩子坚持不下来，有的孩子就主动和他一起跑，最终坚持跑完。课间时，我组织孩子进行一些集体性活动，如“不倒森林”“两人三腿行”等。这些活动让孩子们切实感受到“我”就是集体的一员，有“我”的努力，才能使班集体获得荣誉。

三、兴趣为老师，培养规则意识

高年级的孩子，马上就要进入青春期。他们情绪多变，躁动不安。一定要给他们创造发泄精力的渠道，并且引导他们理智地面对各种问题。爱迪生说：“兴趣是最好的老师。”用孩子们最感兴趣的事去教育他们，绝对事半功倍。

我带的班里有好几个小淘气，他们精力旺盛，课间游戏时总是给别人捣乱，打架事件屡屡发生，上课时也总是违反课堂纪律。后来我发现打篮球是孩子们喜欢的体育活动，而且既耗费体力，又要讲求规则。

作为班主任，随时抓住教育契机，实施有效的教育活动是必不可少的素质。于是，我就以班会活动为载体，帮助孩子规范行为。

举行班会之前，我先找了这几个孩子，问他们：“你们都喜欢篮球吧？我们下周要举行一次关于篮球的班会，因为你们都是篮球高手，王老师想请你们帮忙组织，你们看行吗？”他们一听，全都兴高采烈，迫不及待地说：“没问题，您说都让干什么吧？”我给他们分别布置了任务，有的去搜集最喜欢的篮球明星，有的找一段篮球比赛视频，还有的整理篮球比赛的规则。

班会开始了，这些“小调皮鬼”们成了班会上的亮点。他们对自己喜欢的话题侃侃而谈，简直就是一场篮球普及课。他们谈到篮球比赛的规则时，我装作惊讶地说：“一个篮球赛有那么多规则呀？”“那当然了，犯规多了就被罚下了。”听到我质疑，他们可不服气了。接着我又引导：“如果篮球赛没有规则会怎么样？”

孩子们沉思了一会儿，纷纷议论：“那可不行，那比赛就乱了。”“会出现危险……”

在孩子们讨论得热火朝天的时候，我趁机问他们：“除了篮球赛，还有哪些地方必须有规则？”这时候，孩子们可能意识到了这次班会的目的。有的学生发言说：“吃饭的时候要有规则，要不然就会很乱，影响食欲，也会出现危险。”也有的说：“午休的时候需要有规则，大家都大声喧哗会影响休息……”孩子们还举了很多例子，大家感受到了规则的重要性。那几个调皮的孩子此时都蔫儿了下来。但是我依然抓住他们不放，就让他们谈谈科任课、课间活动需要哪些规则。他们都很不好意思地说了在课堂上的一些规则和课间活动时的注意事项。我想他们此时已经明白了该怎么做，就没有再批评他们。只是在总结的时候，告诉孩子们遵守规则的重要性。

如今，“篮球行动”体现在班级管理的各个方面，这次，我就是抓住了孩子们喜欢篮球的心理，对他们进行了教育。我想久而久之，孩子们会形成规则意识。

班集体的成员都是孩子，所以具有不稳定性。班集体建设过程中必然会产生这样或那样的问题，孩子的进步也是螺旋式的。所以就需要教师运用自己的机智，灵活运用教育手段，为形成良好的班集体做好持之以恒的准备。曾有人这样说："有路的路在后面，无路的路在前面。"教育的前方没有路，有的只是不懈的脚步和执着的追求，我希望用自己的真诚，犁出一条跃动着快乐音符的丁香之路！

我的教育感悟

胡启鑫

我是石景山外语实验小学新入职的一名年轻教师。很幸运的是，入职正值外小20周年生日，“二十年芳华正青春，薪火相传铸华章”，20年的时光转瞬即逝，20年的风雨兼程，20岁的正值青春。作为一个年轻教师，参加工作半年来，在学校领导与老教师的关心和帮忙下，我不断地总结教育教学的经验和教训，使自己的教育教学潜力与水平都有了不同的进步和提高。

本学期伊始，我承担起了本班数学教学以及副班主任的工作。在班主任史老师的帮助下，我开始了自己的教育教学工作。初来班级，对身边的一切都是不熟悉的，工作中还是感到很棘手，有种无从下手的感觉。但是我勇于尝试、不畏困难，尽自己的努力去适应这一切，去适应工作节奏。

我的第一节课记忆尤其深刻。我即将面对一群新步入二年级的“小豆包们”，“小豆包们”也即将看到我这个新面孔。我不知道他们见到我会有什么样的反应，我不知道他们会出现一些什么样的“问题”，一切的一切，我都在不断设想，把自己先吓一跳，略显慌乱。课前的准备工作，我尽全力考虑全面，备课时，一遍遍在脑海中彩排：这句话这么说，那句话这么说对不对。在正式认识他们之前，我的自我介绍该怎么说呢？这个好像更是个大问题吧。我心里琢磨着。总之，在上课之前的每一分钟，我都在紧张中度过。上课铃声响起，我知道，属于我的时刻到了。我希望学生们可以通过我的自我介绍而喜欢上我，我也设想过如果学生没有那么热情，冷场怎么办？还好我提前做了准备。一切的紧张，在那句“同学们好”和热情的“老师您好”之后，全然散去。同学们无比热情，好似全都迫不及待地想要知道眼前的这位陌生的老师是谁。我开始了我的自我介绍，“我是谁，我叫什么，你们可以叫我什么”，同学们之间的热情越发高涨，对我的好奇越来越多，一个个可爱的小问题向我抛来，原本设计的5分钟的自我介绍，愣是在高涨的氛围中开出一堂新闻发布会的感觉。我同样沉醉在与学生的互动之中，我没想到学生们对我如此热情，以致忽略了时间。抬头看起钟表，这节课已经过去一半时间了。我瞬间慌了神，但是同学们的思绪全然被打开，早已不在这节原本的数学课之中。我有些“压不住”“拉不回”了。我努力把话题拽回，正式开始原本的授课。时间的把控，是我教育教学工作中学到的第一节课。至此，以后的每节课，我都暗自提醒自己掌握好课堂时间。

逐渐地，我适应了工作的节奏，也努力向老教师学习授课经验、带班经验。令我印象同样深刻的是，本学期中我承担起了班主任的工作。这同样是一个新的挑战！班主任远没有想象中那么简单，原来看着史老师处理班级事务，总是那么得心应手、游刃有余，当自己真正做起班主任的工作后，才知道这项工作的不易。我的班主任生活的第一项工作就是统计学生打新冠疫苗，这个工作看似简单，实则对于一个新手班主任来说很难。这项工作需要联络家长，此前除了就数学教学方面问题与少数家长联系过，大多数的家长我是陌生的，家长们对于我也是陌生的，我不知道该怎么和家长进行有效的沟通。以至于不敢直接联系家长的我，坐在电脑前，好似一位“客服”人员，用文字整整回答了一天家长的问题，效率异常低下。随后，我在办公室中向经验丰富的班主任们学习，我发现，有好多工作可以通过一些小方法小技巧来完成，我内心由衷佩服。在联络家长的过程中，我逐渐也掌握了一些方法技巧，可以比较轻松、愉快、高效地解决问题。一开始与家长电话联系前，需要好长时间在心里打好腹稿，通话中紧张、语序混乱不清，但现在可以很顺畅简练地高效沟通。这都是我怀着尊重理解的心态在一次次的经验累积中获得的能力。我也要继续努力，做好自己的每一份本职工作。

从9月步入教师队伍以来，我在教育教学方面也有了一些小小的心得体会：教师要公平对待每一个学生，形成一个良好的平等的师生关系。要求学生应该做到的、做好的，教师也要严格地要求自己，自己必须先做好，以身作则。如此，学生们才会信服，也才能更好地树立教师在学生心目中的优秀形象与威信。所以，需要教师以身作则，树立威信，才能给学生以模范的示范作用。教育学指出："教学既是以传递科学知识和吸取人们之间成功经验为首的实践，更是特殊的情感中的人际交往社会活动。"所以，每节课都是学生与老师双方情感交流的重要过程。老师要完全信任学生、重视学生，而融洽地与老师相处、良好健康的师生关系是学生自主获得知识的基本思维和情感基础。在日常的教学工作中，我总是以诚恳、公平的心态和学生进行沟通，我的诚恳也换来了每个学生对我的信任。在孩子们的眼中，我不仅是老师，更是孩子们可以信任的伙伴。孩子们喜欢和我说心里话，在学业和生活上遇到困难也愿意主动第一时间向我求助。在课堂教学上，在对新知识的学习研究中，我们的教学氛围既严谨又轻松，大家用心思索，积极踊跃发言。即使已经下课休息了，孩子们也愿意围在我身边继续问问题，孩子们的神色与言行流露出了他们对于知识的好奇和渴求。在教学实践中我也感受到，良好的师生关系能够转变为学生求学更有效的动力，让学生体验到获得成功的愉悦，能够激发学生产生自强、积极向上的信念。在设计课堂教学过程中，我体会到了不要一味使用传统课堂的教学形式，这可能会让孩子们觉得缺乏新鲜感，而提不起对学习的兴致，学生也极易在课堂上"开小差"。因此老师在教学设计的过程中，就应该尝试运用不同的教学方式方法，从而让我们的课堂变得更加形象、生动、活泼。除了使用必要的多媒体以外，在上课时，为了调动学生的学习兴趣，我会把全班分为数个小组，每组都有小组长，开展竞赛，比一比回答速度，比一比正确率。如此，让学生们在"活动"中就自然而然学会了知识。根据以往教育经验的证明，老师经常改变课堂形式，更容易调动学生学习的兴趣，从而培养学生的学习积极性，提高了学习效率。同样地，老师也要学会倾听。倾听本身是与对象交谈的一个方法，是接受对象、重视和了解对象的表现方式之一。一个人如果能耐心倾听别人的倾诉，就相当于告知对方自己的态度，在无形之中就会增强对方的责任感、自尊心，从而增进了双方的情感沟通。因为，学会倾听能让我进入学生内心深处，去理解感受学生真正的内心需求。在聆听的过程中师生之间相互理解交流，最后真正实现教学相长。

以上是我从开学初开始教育工作至今的一些感受。我在教育教学方面的经验还很薄弱，存在很多不足的地方，但我会继续努力，不积跬步无以至千里，在今后的工作与学习中，脚踏实地，一步一个脚印地继续迎接新的挑战。

做一个用心的班主任

王秀娟

作为一名从教二十多年的“老教师”，我爱学生，爱班主任这个岗位。我认为每个学生都是重要的，但在“双减”政策落地之后，在教育实践中，我感悟到：仅有爱是不够的。我经常叩问自己：我会爱学生吗？我让学生感受到我的爱了吗？我让每个学生都体验到他很重要了吗？我的班主任工作该从哪儿入手？做些什么？引领学生到哪儿去？带着对自己的一系列追问，我确立了“双减”以来自己工作的价值追求：做一个用心的班主任！

一、做个有情怀的班主任

李镇西老师在《以心灵赢得心灵》的班主任教育讲座中认为，做最好的班主任应该拥有对教育的情怀，并把它概括为“三心三家”——班主任要拥有童心、爱心、责任心，还应努力成为专家、思想家、心理学家。拥有自己的专业情怀，做一个有儿童立场的教师，是我的教育追求。在工作中我努力做到为每个学生提供适合的教育，把每个学生都培养好，让每个学生都获得真实的进步与发展。我和学生们一起想、一起玩、一起学，读懂学生的喜怒哀乐，真正走进儿童。

每年一次的科技节活动中有魔方比赛，我们班的学生几乎人手一个魔方，为了能赢得比赛为班级争光，课间10分钟大家相互学习，你帮助我，我帮助他，魔方在孩子们的手中转动起来，丰富了课余生活，成为“双减”后孩子们在课间兴起的一项有意义的益智游戏，孩子们在学习之余得到放松。我也参与其中，在孩子们中间，快乐着他们的快乐，幸福着他们的幸福。我愿意融入孩子们的世界，让自己的情绪、情感在稚嫩的心灵感召下，永葆快乐心境，永葆青春年少的情怀！

二、做个有智慧的班主任

班主任的专业智慧体现在哪里，更是“双减”政策实施中应该思考的问题。我认为，体现在让学生体会到老师对他的爱、对他的信任与期待；体现在班集体建设过程中，是否把学生真正当成班集体的主人，是否为每个成员创造了成功的机会，使他们能够找到自己满意的位置，看到自己存在的价值，使他们的兴趣爱好、特长得到健康充分的发展；体现在是否能在“双减”政策下，唤醒孩子们的心灵，营造良好的文化氛围，让孩子们在民主、平等的环境中，互相激励，共同提高。一个优秀的班级必有昂扬的正气。积极向上的班风能让正气不息、班级凝聚。

（一）展示自我，彰显个性

在我的班上，每个学生都有平等的机会去表达自己、展示自己。无论是课堂教学，还是课余活动；无论是成绩好的，还是成绩一般的；无论外向的，还是内向的，每个人都有机会去表现自己，有权利得到老师的鼓励、同学的赞美。

教室内外的板报和“班级之星”成了孩子们展示自己的舞台；“诗中有画，画中有诗”带我们走进古诗的意境，领略诗人走过的山山水水，感受诗人的心情；“海洋动物也睡觉”让我们了解海洋动物的生活；“人生加油站”在传递健康、快乐的同时，也在传递乐观、豁达的益处；“迎冬奥向未来”带领学生走近冬奥，了解冬奥；“班级之星”张贴着在某个方面表现突出的小榜样的照片；

还有英语小报展示凸显了学校的特色教学。一块块多彩的板报，彰显着孩子们张扬的个性。做自己感兴趣的事，谁愿意放弃这样的绚丽舞台呢？

除此之外，我还为学生积极搭建展示的平台，比如，“我是小小书法家”，把每个学生的硬笔书法作品张贴在教室的各个角落，让学生为优秀的作品或者书写进步的同学盖印章，也可以在作品上写几句赞美的话语；“午间书场”栏目，同学们在用午餐时收听由学校播放的小故事，我鼓励学生积极参与投稿，孩子们每当听到自己班级同学讲故事的声音时都热烈鼓掌；“我是小小朗读者”的活动已经延续一年有余了，每天都会有个同学在语文课上为大家朗读名家名篇，原来胆小的孩子在同学面前也变得自信和大方了；元旦联欢会上的“才艺展示”更让同学们大饱眼福，朗诵、唱歌、跳舞、弹奏乐器，孩子们大胆展示着自己的才艺，在班级这个大家庭中绚丽绽放。

（二）班级有我，成就自信

每学期我们班都要进行班委改选，实行轮换制度。至少要更换三分之二的小干部，目的是让更多的成员体验当小干部的光荣和责任。我们采取民主竞选的原则，参选同学要有书面的申请，向全班同学作出切实可行的工作承诺，在充分听取同学意见后进行投票选举，选出大家认可的班干部，并为其佩戴标志。

新当选的卫生委员是个内向、胆小的女孩，在老师和同学的鼓励下，她建立了卫生角，而且变得越来越开朗。小张同学成绩优异，可他身上的“毛病”可不少：爱斤斤计较，集体意识淡薄；当选学习委员后，不但帮助学习有困难的同学，还负责作业本的管理。体育委员和我商量，他想组织一次跳绳比赛，然后我看到同学们积极报名，比赛那天还自制了奖状，自备了奖品，整个活动有计划、有准备、有结果。接着班上先后开展了学生自己组织的“数独比赛”“美文诵读”“古诗背诵”“魔方比赛”等多项活动，响应“双减”政策，丰富课余生活，给学生搭建展示的舞台。

为建设一个良好的班集体，仅仅靠班委会的几个同学还不够，为了调动更多同学的积极性，班上还设立了“先锋岗”:“图书管理员”“就餐服务员”“三节三爱监督员”“卫生监督员”“绿植养护员”“物归原处监督员”“卫生监督员”，一个个小岗位的设立，让每个学生都能成为班级的服务者、管理者，在服务过程中找到自信，班级管理渐渐进入良性循环，也增强了班集体的凝聚力。

（三）同心协力，凝聚智慧

小组评比是我们班一直坚持的活动，并收到了良好的效果。每个学期我们都以小组为单位开展评比活动，赋予这种传统的班级管理形式以新的生命力。小组建设得好，整个班集体呈现出良好的班风。开展小组之间的各种竞赛，调动每一个学生为小组争光的积极性，以推动班级建设的蓬勃发展。

每个小组都有自己的名字和吉祥物，这些是通过发挥小组成员的智慧确定的，而且分组合理。在每天的评比中，大致有这些方面：课堂纪律、课上表现、劳动卫生、作业收交、为班出力、行为规范等。评比公平合理，规则统一，严格监督。

小组竞赛活动使小组内产生了凝聚力，有的小组还制定了组规，真正强化了每个学生的小组意识，班级风气越来越正。比如，以前有的同学不太爱学习，现在为了小组荣誉，不但同组同学会督促他，而且他本人也不甘落后勤奋起来。做好事、积极参与各项活动都能为小组额外加分。我会奖励获胜的小组“先锋卡”，连续两次获胜的小组会得到我亲手养植的多肉植物。总之，我想尽一切办法，利用小组评比调动全班同学的积极性，形成一种积极向上的“比学赶超”的班级氛围，班集体在大家的智慧和行动中更加团结。

（四）经典为友，润泽心灵

我们知道，一个人的幸福、成功都要以道德、品行作为根基。三年级的学生正是培养自主学习的关键期，我利用每周道德与法治课的时间给学生讲《论语》小故事。《论语》中提倡主动学习、主动思考，比如“学而不思则罔，思而不学则殆”“学而时习之，不亦说乎”，我告诉学生学习是一件让人终身受益的事情，我们不但要主动学习，还要快乐地学习。《论语》里还有很多关于理想和志向的名句，比如“士不可以不弘毅，任重而道远”，了解了这句话后，我告诉同学们，我们要为自己的理想、梦想去努力、去奋进。伴随一个个好故事，孩子们增长了智慧，懂得了如何与同学交往，学习做人的规矩与道理，思想上更积极进取，与经典交朋友，与真善美交朋友。我们还围绕《论语》开展了相关的主题班会活动，读经典、讲经典、悟经典，修身立志，以德为先。伴随一个个主题的展开与深入，我看到了他们的成长，感受到了他们内心的纯净。

三、做个有视域的班主任

教育是一个开放的系统，成功的教育需要良好的家校配合。营造和谐、向上的班级氛围是我努力的方向。

（一）微信群建设，打造教育“场文化”

现在每个班级都在使用微信群，如何真正发挥微信群的力量，我进行了认真思考。“双减”政策之后，学生在学校的时间比原来延长了，家长更加关注孩子在学校的生活和表现，微信群可以成为家校沟通的桥梁。每次孩子们参与活动的照片我会第一时间发给家长，让家长感受到学校和老师为学生们创建了很多锻炼和展示的平台，家校共同见证孩子们的成长。

孩子的年龄和心理特点决定了当他们遇到问题时不知怎样更好地处理，或是不知如何表达自己的情绪，而这正是孩子在交往中学会处理问题的“社会化”过程，也可以说是孩子成长中一个必经的过程。我经常给家长推荐一些关于如何教育和正确引导孩子的文章，有时会引发家长们的积极讨论，有时也会有一些家长抛出困惑。“家有磨蹭儿”，这个在小学生中常见的问题，通过教师、家长的齐参与，对提高孩子做事效率有深层次的对话。“夸夸我家宝贝儿”不仅鼓励了孩子的发展和进步，同时还促进了孩子间的互相了解……

（二）专业的“家校直通车”

几年前，我参加了萨提亚心理教师培训，平时也十分关注孩子健全人格的培养。我经常将一些小经验或是我了解的好的家教指南介绍给家长朋友们。比如开学初的“新生入学要注意哪些”，指导家长在哪些方面给予孩子更多的关注；面对一些淘气的小男生，推荐“怎样做男孩的父母”，既从科学的角度分析男女生的差异，又带给大家思考——如何给男孩最少的指导、最大的耐性和最多的鼓励；春季孩子容易躁动，“春季养生”会提醒家长如何通过饮食、作息帮孩子顺利度过躁动期。

这种及时的沟通、往来，在老师和家长之间搭建了桥梁，使我们的目标一致，对待学生的问题包容但不放纵、尊重但不遵从，也为孩子们创设了一个自由的空间。

“理想，智慧，激情，诗意和力量”是一个班主任必备的行囊。做一个用心的班主任需要付出很多，但在成就学生成长的过程中，我得到的是一个美丽的世界，我享受着快乐与意义结合的幸福！

崇德启智：从师路上的“三条经”

刘靖萱

人之性，教也；人之情，育也。刚刚成为教师的时候，我曾兴奋得睡不着觉，梦想着教书育人终得桃李天下。然而真正走上讲台，方知传道授业并非信手拈来。面对一个个天真烂漫的孩子，“教不会，授不出”成了横亘在我实现理想道路上的最大难题。为什么学生们学不会呢？浅显易懂的理论，字字珠玑的要点，我把书本上的知识掰开揉碎地“喂”给孩子，但他们就是不接受……那一定是孩子的问题！相信每一个同龄教师都曾有过我这种想法。回想起自己学习英语的岁月——一部填鸭式教学养成记，让我认为知识直给是理所当然，实际情况却是：老办法难解新问题。随着教龄的增长，思路与视野逐渐打开，经验和技巧不断提升，我经历了从失望到无奈，以及由自省启发自信的蜕变过程。世上岂无千里马？我将目光从执着于钻研教案、啃透书本，转向努力尝试对于学生本身的开蒙启智，力求打牢基础，再赢得长跑！几年实践，感悟有三，寥寥千字，与君共勉。

一、寓教于乐，先提兴趣再引向往

缺乏特定语言环境是许多孩子学习英语的一大窘境，这是难以解决又不容忽视的问题。孩子对于听不懂、弄不清的事物往往难以接受。解决这一难题，首要的就是培养学生学英语的兴趣，调动学生学习积极性。在新学期、新课程展开的时候，充分利用英语课程内容新鲜、新奇的特点，营造英语氛围，激发学生的好奇心，以使其快速进入学习状态。在授课时使用抑扬顿挫的语调，配合形式多样的呈现方式，如画简笔画、唱英语歌、做游戏、情景互动等使课堂变得有趣，以达到寓教于乐的效果。

在这里我还想特别提一下关于游戏教学的心得体会。观察小学低中年级的学生，我们可以发现，这一年龄段的孩子具有强烈的好奇心，好活动、好表现、擅模仿，喜欢引起别人的注意，想要受到老师的表扬。他们爱玩、爱唱、爱做游戏、爱活动，他们坐不住、坐不久，这些都是这个年龄段孩子的实际生理表现。分析此种现象，发现这些孩子其实拥有超越成年人的学习优势，如较强的模仿力、记忆力、可塑性等。就此，我开始尝试在英语课中加入游戏活动，以符合学生年龄特点和认知规律的方式为授课增添助力。

例如，在一次教学大赛中，我对课程进行了充分设计，以农场为基本场景设置，制作了大量的动物卡片教具，并将学生分成多组，在课堂上做起了动物派对游戏。我引导同学们通过问候、表演、组队等互动，加深了对动物、数量及疑问句式的理解和应用，深受孩子们喜欢。经过反复证实，可以看出学生们对于这些新颖形式的热切向往，让学习玩起来，知识也就活了起来，自然而然地印入学生们的脑海中。虽然在日常教学工作中，我们不可能每次都投入如此长时间、高精力，但通过这些经历，让我认识到善用天性，采用游戏活动教学的方式能达到事半功倍的效果，所谓顺其自然，而得豁然。

二、授人以渔，指导学生掌握自学

有位名师曾说过：教育教学，课堂是主场、教师是主导、学生是主体，教师在有限时间内能够传授给学生的东西十分有限，而通向成功的道路依旧要靠学生自行完成。在这里，授人以渔，教会学生掌握自学就显得更加重要了。

课堂上，我们更加强调听讲、互动、记笔记；而课堂外的朗读、记词、背诵同样对提高英语听说能力有很大帮助。合理安排学生课外的学习内容，除了要求学生完成必要的抄写和背诵外，还要精心设计编排作业内容，经常组织学生参加英语竞赛、演讲、游戏等活动。生动有趣的课外活动，一方面，能引导学生互相帮助、互相督促、共同提高，把团结协作精神化作学习英语的动力，以弥补课外学生因自觉性差、缺少督促和辅导的缺憾；另一方面，这类活动还能为学生提供更多的英语复现机会，加深学习记忆，使所学的英语知识得到强化和巩固，降低遗忘率。

当然，面对不同接受能力的孩子，我们需要提供不同的自习建议。从书本基础知识的掌握、强化到书本以外的主动交流、认知的延展，这些非书面的传授没有考核标准，对于学生来说接受起来更加容易，而对于教师来说则需要做好把控，主动感受学生自学情况，并给予鼓励和指导。久而久之，一旦学生的自学行为形成了良好习惯，不但自身能力将会提高，对于教师开展教学也将形成助力。

三、尊重差异，情感辅助教学相长

学生没有不好的，只有不同的；没有愚笨的，只有潜力尚未发挥的。孩子们的智力、生活环境都是不同的，因此我们不能用相同的标准来衡量、评价学生。我们的教学方法不一定适合所有学生，所以每次学生出现问题时，我都会先从自身找原因，思考学生为什么会出现这种情况。尊重差异、感同身受、情意通融，与学生建立师生情谊非常重要。当老师成为学生能在心理上依赖的人时，学生的学习兴趣也会变得浓厚，自然也会对该老师所教授的学科产生强烈的求知欲，这些思路对于我在改进启智育德的方式方法中起到了很大帮助。

首先，接纳失败与不足，鼓励学生就是教师的必修课。当学生犯错时，不应该直接去否定他、批评他。委婉地点给学生比直接地否定效果要好得多。如果能够适时地运用幽默感，就更加难能可贵了。列宁说："幽默是一种优美的、健康的品质。"所以我们还是把幽默请进课堂来吧！当学生出现失误或犯错时，通过双关、模拟等手法，加入幽默的语言，在善意的微笑中指出错讹之处，既不伤害学生自尊心，让学生从错误中改正，又是对于教师语言修养的历练，对于双方都是一种提升。当然，我们也要清楚，幽默只是一种手段，并不是目的，不能脱离具体教材内容和实际需要，一味搞笑逗乐，避免误入歧途。

其次，我还发现，当学生对于较难的挑战跃跃欲试时，千万不要直接禁止，否则会导致其怯于动脑，失掉挑战新奇事物的勇气。相反，即使我们知道暂时还不可能成功，也要让他们去思考，然后一起分析原因，鼓励学生自己跨越这些障碍。一旦学生取得成功，就会感到特别自豪，增加了一次“我能行”的体验。长此以往，能够帮助学生形成向困难挑战的自信和勇气，为其在今后的求学之路上打开通路。

“路漫漫其修远兮，吾将上下而求索。”在未来的教学生涯中，我必不忘初心，在帮助学生成长的道路上尽己所能。教龄较短，在教学方面的经验与感悟尚显浅薄，只言片语难说龙跃凤鸣，却也是悉心实践所得，愿为自勉。若能启发他人，更将满心欢喜。

孩子的高度在老师的心中

张玉芬

在孩子的教育问题上，家长对老师的一些言行的关注度要高于孩子。他们认为，孩子的行为习惯、性格能一天天变好，是因为老师用心教导，在与老师沟通的时候，愿意听老师津津乐道。但我们也会发现，虽然有时沟通比较顺利，但孩子变化却不大，甚至有时会不经意地甩出一句："我的孩子简直是无可救药了，怎么说都听不进去。"问题出在哪儿呢？感恩、努力、勇敢地面对挫折、改掉坏毛病、爱读书、自信等词汇已经充斥在家长的脑海中。家长们无论是通过阅读书籍，还是通过专家讲课，甚至带领自己的孩子去参与各种活动，孩子哪怕有一点点进步，家长都会很欣慰。可总有一些家长得不到满足。了解孩子的内心，和孩子共同成长是家长们的心愿，但教育的前提是尊重孩子，这却是我们很多家长做不到的。没有尊重，如何去挖掘孩子的闪光点，去放大他们的闪光点？现在的孩子从有了感知的那一天起，电子产品的光芒便罩住了他们。孩子们的好奇心会驱使他们想尽办法融入这个光彩的世界中。

其实父母在孩子成长的过程中所作的一切努力都是为了孩子长大后能顺利地融入社会。老师对学生的爱，有一部分学生感受不到，对这样的学生老师要及时发现，施与一些"小灶"，让他们感受到温暖，获得安全感，这样学生会更自信且从容地面对世界，这才是教育的终极目标。

与家长沟通时，在注意家长感受的同时，老师的感受也要让家长了解。我平时与家长的沟通主要表现在两个方面，一是喜欢夸孩子，二是对孩子在校的不良行为表示不满，要把这种"怒气"展示给家长。

一、感谢孩子融入集体

其实家长也会像他的孩子一样愿意得到夸奖。我们班的郭同学、陈同学完成作业的情况比较差，每次与家长沟通，我都要把孩子在班里表现好的地方夸出来。并告知家长，这是家长平时教育的结果，感谢家长对老师工作的支持。比方说郭同学上课发言说得好，陈同学发现地上有纸能够主动地捡起来，作业中有几个题写得好，有的字写得好，主动做值日等。这些都是很多学生能做的事情，但在家长看来，孩子懂事了，因为这些小事在家里是体现不出来的。然后话锋一转，只提一个老师不满意的地方——不完成作业，请家长督促完成各科老师留的作业，主动去检查孩子的作业。作业能完成了，但错误率较高，不愿意改题，其实这类学生何尝不愿意把题改好了，他们更愿意看到的是一个大大的红钩。对这类学习能力比较弱的学生，只有盯得紧才行，这也是家长曾无奈向老师提出的请求。我们的语、数、英三科老师就常常盯着他们改题，有一些学生也会主动帮助他们。如此，学生的成绩会逐步提高。

二、把老师的“怒”还给学生

纪律问题也常常出现在这类学生身上，老师的教育就尤为重要。老师的教育如果对他们是一种负担的话，这样的教育就是失败的，他们会充耳不闻，变得冷漠，甚至抱着一种“屏蔽”的心态。改变他们，就是让他们相信老师会给他们正确的评价。我一般的做法是把“火”还给他们，这是需要时机的，抓住机会，抓住他们的言行，向他们“撒气”。例如一次课上，有几个同学的做法令任课老师十分反感。当天事当天解决，借这个机会还班级一个清静。与家长沟通中我便让学生当着家长的面讲述课上的情况，此时我的一股“火”也撒向了家长，提出：“如果您是老师，将怎么解决这个问题?”家长对自己孩子在课堂上的表现也很生气，纷纷指责自己的孩子，并支持老师要严厉惩罚孩子，让孩子认识到这种行为带来的后果。惩罚不是目的，作为老师不能体罚和变相体罚，这是有严格要求的。达到教育目的是我们共同的愿望。几个家长都愿意通过短信的形式写出对孩子在课上表现的见解。而我也及时将家长们的意见反馈给班里的学生，效果显而易见。学生们也纷纷表达自己的看法，并写出了一份倡议书——《让脏话远离六一班》。在表扬家长做法的同时，对学生课上的问题再次提出了批评，几个有错误的同学欣然接受了。但事情仅仅过去两个星期，其中的两名同学又在另一节课上“撒野”。两个学生互相谩骂，完全不顾及老师的感受，甚至以“死”相威胁。他们的语言粗鲁，彻底暴露了家庭教育的缺陷。我再次将家长写的意见摆了出来，尤其是将这两个学生家长写来的自己的想法读给了这两个同学听。两个同学听完后，看似低下了头，但他们的眼神告诉我他们的心里还是很不服气的。我开始上课，并告诫全班同学，如果因他们几个同学而影响大家的学习，那是老师的失职。我一如既往地、有声有色地分析起课文来，当然课上回答问题时也没少点他们。没想到的是，一下课，两个同学便主动地跑到我的面前，想要承认错误。我的态度很严厉。不一会儿，他们便相互承认了错误，握手言和。最后，我让他们自己谈谈如何才能避免这类事情的发生，让他们说出这种行为是否可取，是受什么影响才能不计后果地说出这样的“狠”话。

他们之所以敢明目张胆地在班里捣乱，是我们给了他们机会。他们其实是想得到老师和同学的关注。针对他们的错误，正确的做法是让他们意识到自己的错误，如果不断地批评他们，反而会引起他们的逆反心理。

三、利用课文提高学生认知水平

树立班风也要从小事抓起，每个班主任老师教的班级中都有一些难管理的学生，在老师的教育引导下这些学生都或多或少地会有一些改变。经过了教师的手，改变了学生，也改变了教师。平时，我会结合课文改变班里学生的一些不良倾向。学习《穷人》一课时，这篇课文对现在的学生真是太遥远了，这样的一篇课文如何用到现在的教育中？我改变了语文教材中的一些做法。如何将课文内容运用自如，让学生有出彩的机会？我在朗读、阅读、习作中分阶段学习，首先是朗读，老师的朗读最具感染力。朗读也是文字记忆的最好时机，更是培养学生注意力的最好办法。我的朗读也影响了我自己，声音哽咽更是培养学生注意力的最好办法。声音哽咽让一些认真听的同学受到了启发，仅仅一个范读，学生就有了反响。马上出个问题让学生畅所欲言：“最让你心动的地方在哪里？”可以通过朗读感受一下。没想到一节语文课还没开始讲读，学生的发言就占据了后半节课。我趁热打铁，利用剩下的时间让学生续写，学生真是一发不可收拾，全部完成。在同学们的要求下，利用一节语文课每个同学都到前面给大家念了自己的习作。借此机会，我说出了憋在心里的一个想法：同情心在我们班怎么才能体现出来？很多同学都表示从自身做起，学会帮助他人，“送人玫瑰，手有余香”，帮助别人就是帮助自己。其实很多语文课文就是很好的品德文。《穷人》的作者托尔斯泰描写了沙俄时期的社会状况，今天学习起来，不但让学生了解了穷人之间的同情心、善良的品质，对我们当今的教育也具有一定的作用。我教这节课最深的感受就是，老师要试着理解每个学生的感受。而对犯错误的学生，如果教师的真诚和善良能够唤醒犯错误的学生，学生感激教师，教师自己更是欣慰。另外，在对学生进行教育时，把你的感受告诉学生，产生的效果会更好。当然，如果让学生参与解决问题，学生与老师有共同的感触，师生之间还会缩小相互的距离。

班主任的一言一行都在潜移默化地影响着学生，如果我们因对学生常怀不满的心理，常常消失在一些学生的视线里，导致学生的意志品格的缺失，这对学生是一种隐形的伤害。我们老师对学生无耐心，学生就会对我们所教科目无耐心。今天，你责怪学生不如班里其他的学生好，他就会在背后责怪老师偏心，甚至他还会觉得你还不如某某老师呢。教育是一场单程车票，在简短的一年或几年中，我们都要经常反省自己，不给自己的教育留下遗憾。我们有幸能与现在所教的学生相遇一场，寻求的不只是传授知识，还有就是建立彼此之间的信任和良好的合作关系，收获学生的喜怒哀乐，给自己的教师征途增加一抹色彩，回味起来也是感慨万千，因为这种回味是幸福的。

在“双减”政策的推动下，“向40分钟要质量”再次摆到我们面前。班里学生的不良倾向教师不想方设法去改变，带着委屈或愤怒去面对一节课，教师传授的知识就太有限了。与其等到临近期末时去抢时间复习，不如平时抓紧时间对学生进行教育。平时也要与家长多沟通，让家长了解孩子在学校学习的情况，不能让家长仅仅作为旁观者。要让孩子有敬畏之心，让孩子自觉地约束自己，与家长形成统一战线，同心同德，形成合力，让孩子在老师、家长的呵护下顺利长大成人。

后记

一早来到校园，蓦然发现绿地中一朵小花悄然绽放，原来春风已拂过校园。虽然校园的早晚依然有着些许凉意，但草已高，树已绿，暖意随着阳光一遍遍滑过窗台。岁月就这样看似周而复始地画着四季的圈圈，然而在这一年新绿耀眼的时候，石景山外语实验小学的校园迎来了20年的青春芳华。

“随风潜入夜，润物细无声”，杜甫的名句触动人的不仅仅是他诗意的语言，还表达了教育人对三尺讲台细腻而执着的追求。在石景山外语实验小学20年的岁月里，就有这样一群人，他们用语言播种智慧，用彩笔耕耘知识，用汗水浇灌未来，用心血培育人才。

这本集子，汇聚了老师们在不断耕耘中的思索与心得；这些文字，是来自一线的真实体验和感悟。我们的老师，在教育的追求中绽放出远见卓识，这些思想汇聚成火花，这是学校真正的财富，我们无比珍惜。

积沙成塔，集腋成裘。这本集子，正是记忆的整合、理念的碰撞、灵感的源泉映现出外语实验人求索、奋进、创新的风采。这些乐于思索、不断前行的老师们正是学校未来发展的脊梁。有他们在，外语实验魅力无限；有他们在，外语实验未来一片光明。

书记：吴继红

2022年3月7日